Su Poder en el Espíritu Santo

John G. Lake

Whitaker House

Notas de la editorial:
Este libro no tiene intención de proporcionar consejo médico o tomar el lugar del consejo y tratamiento médico de su doctor u otros profesionales de la salud cualificados. Ni la editorial, ni el compilador, ni el ministerio del compilador se hacen responsables de ninguna posible consecuencia de cualquier acción emprendida por cualquier persona que lea o siga la información que hay en este libro. Si los lectores están tomando medicamentos recetados, deberían consultar con su médico y no tomar la decisión de dejar de tomar los medicamentos recetados sin la adecuada supervisión médica. Cada lector es el único responsable de las consecuencias de sus propias elecciones con respecto a consultar a médicos o a otros profesionales de la salud cualificados.

Los sermones, cartas y panfletos contenidos aquí han sido extraídos de *John G. Lake: The Complete Collection of His Life Teachings*, que fue compilado por Roberts Liardon, publicado originalmente por Albury Publishing, y es actualmente publicado por Whitaker House. Tanto Albury Publishing como Whitaker House han hecho todos los esfuerzos posibles para asegurar que se diera el permiso y el crédito adecuados para cada entrada de este libro. Las palabras, expresiones y estructura gramatical del texto han sido cuidadosamente editadas para proporcionar claridad y legibilidad.

Todas las palabras en ***negrita cursiva*** en las citas de la Escritura son énfasis de John G. Lake.

Traducción al español realizada por:
Belmonte Traductores
Manuel de Falla, 2
28300 Aranjuez
Madrid, ESPAÑA
www.belmontetraductores.com

SU PODER EN EL ESPÍRITU SANTO
Publicado originalmente en inglés bajo el título: *Your Power in the Holy Spirit*

Compilado por Roberts Liardon
Roberts Liardon Ministries
P.O. Box 2989
Sarasota, FL 34230
www.robertsliardon.com

ISBN: 978-1-60374-275-7
Impreso en los Estados Unidos de América

Whitaker House
1030 Hunt Valley Circle
New Kensington, PA 15068
www.whitakerhouse.com

Para comentarios sobre este libro o para información acerca de otros libros publicados por Whitaker House, favor de escribir vía Internet a: publisher@whitakerhouse.com.

1 2 3 4 5 6 7 8 9 17 16 15 14 13 12 11

Índice

Libritos:

Interpretación de lenguas:

Serie de discursos radiofónicos: Aventuras en la religión:

Sermones:

Serie de sermones:

Capítulo 1

El bautismo en el Espíritu Santo

Librito

Reimpreso de "El Consolador", septiembre de 1910
Publicado por The Apostolic Faith Mission
Tabernacle's Printing Works,
Johannesburgo, Sudáfrica

Sino santificad a Dios el Señor en vuestros corazones, y estad siempre preparados para presentar defensa con mansedumbre y reverencia ante todo el que os demande razón de la esperanza que hay en vosotros. —1 Pedro 3:15

Porque...

- El Rev. S. J. Du Toit, ministro de la iglesia reformada holandesa, desafío a los hermanos de la Misión de la Fe Apostólica a reunirse con él y defender públicamente, en un debate abierto, la enseñanza creída y difundida por ellos.
- El Rev. S. J. Du Toit es considerado uno de los polemista más capaces y diestros en África.
- Fue en la iglesia holandesa, Somerset East, Cape Colony, durante 1910, donde el Reverendo

caballero, según un documento de Graaff-Reinet, "luchó su Waterloo" a manos de dos hermanos de la Fe Apostólica de Johannesburgo. A Dios sea la gloria.

... damos a nuestros lectores las características más importantes de ese discurso del hermano Lake sobre el bautismo en el Espíritu Santo.

REVELACIÓN DE DIOS PROGRESIVA

Este es un tema tan profundo y tan extenso, que para entenderlo de modo inteligente debemos considerarlo desde el ámbito de la revelación continua y progresiva. Al igual que el bautismo en agua del creyente cristiano, las operaciones del Espíritu Santo deben comprenderse en sus sucesivas etapas de revelación; de otro modo, seremos incapaces de distinguir entre la operación del Espíritu en el Antiguo Testamento y el bautismo del Espíritu Santo en el Nuevo Testamento.

Una sucesiva dispensación de Dios nunca destruye a una precedente. Por el contrario, conserva su espíritu pero amplía su ámbito.

Esto se ve claramente comparando las dispensaciones patriarcal, mosaica y cristiana.

En la dispensación patriarcal, vemos a Dios apareciendo al hombre con largos intervalos de separación. Abraham proporciona el mejor ejemplo. Dios se le apareció en periodos de tiempo separados por veinte y cuarenta años. La era patriarcal puede, por tanto, designarse como la dispensación de la revelación de Dios *al* hombre.

Hay un avance perceptible bajo la dispensación mosaica hacia una manifestación de Dios más profunda, más clara y más pronunciada. Él estaba siempre presente en la columna de nube y el pilar de fuego. Después, Su presencia visible moraba en la gloria shekinah que cubría el propiciatorio. Eso era Dios *con* el hombre, no al hombre, como en la dispensación patriarcal; más bien, Dios guiando, dirigiendo, perdonando, santificando, morando *con* el hombre.

Al llegar a la dispensación cristiana, obtenemos una revelación más clara y más palpable de Dios que en la anterior dispensación mosaica.

El clímax

La revelación muestra su clímax en esto: la dispensación cristiana. ¡Dios *en* el hombre! Porque el bautismo del Espíritu Santo es la llegada real de esa Tercera Persona de la gloriosa Trinidad para vivir en el hombre. Esto, entonces, nos lleva donde podemos ver el propósito de Dios al revelarse a Sí mismo al hombre mediante etapas progresivas de revelación.

Tal y como la dispensación cristiana desbanca y eclipsa a todas las demás dispensaciones, así el verdadero cristiano debe superar a todos los que le han precedido. Ese es el punto culminante del esfuerzo de Dios por la humanidad. El hombre no sólo ha de ser perdonado, sino también ha de ser limpiado mediante la sangre de Jesús de la naturaleza de pecado, del principio del mal que le hace transgredir. Esta limpieza del "pecado innato" (denominado también "la mente carnal", "el viejo hombre", "el hombre de pecado") es sacar, de manera real y experiencial, de nuestro pecho el deseo de pecar. Toda relación con el pecado es cortada, y la vieja vida egoísta es rendida con alegría y disposición sobre el altar de Cristo.

DIOS QUIERE UN TEMPLO LIMPIO

Esta limpieza interior del corazón que Juan y los discípulos de Jesús demandaban antes de bautizar a un hombre es la preparación necesaria para el bautismo del Espíritu Santo. Nuestro Santo Dios debe tener un lugar de morada santo. ¡Oh, maravillosa salvación! ¡Maravillosa expiación! ¡Maravilloso Cristo! El hombre, nacido en pecado y formado en iniquidad (véase Salmo 51:5), perdonado, limpiado, purificado por la sangre de Jesús, y hecho una habitación, un lugar de morada de Dios mediante el Espíritu.

La redención que Jesucristo efectuó en el Calvario restaura al hombre todos los privilegios y las prerrogativas perdidos por la caída.

> *Cristo nos redimió de la maldición de la ley, hecho por nosotros maldición (porque está escrito: Maldito todo el que es colgado en un madero), para que en Cristo Jesús la bendición de Abraham alcanzase a los gentiles, a fin de que por la fe recibiésemos la promesa del Espíritu.*
> (Gálatas 3:13–14)

Esto nos revela el propósito de Dios en nuestra salvación. Debemos estar preparados por la sangre de Jesucristo para convertirnos en habitación de Dios, "*en quien vosotros también sois juntamente edificados para morada de Dios en el Espíritu*" (Efesios 2:22). De nuevo en 1 Corintios 6:19, Pablo preguntó sorprendido: "*¿O ignoráis que vuestro cuerpo es templo del Espíritu Santo, el cual está en vosotros?*".

Un hecho maravilloso

¡La llegada personal del Espíritu Santo a la conciencia humana es un hecho maravilloso de la manifestación de Dios en la historia! Su llegada fue tan definida y manifiesta como la llegada de Cristo. ¿Fue la venida de Cristo proclamada por voces de ángeles y coreada por "*multitud de las huestes celestiales que alababan a Dios*" (Lucas 2:13)? Igualmente, la llegada del Espíritu Santo fue atestiguada por Su "*forma corporal, como paloma*" (Lucas 3:22), por el "*estruendo como de un viento recio*", y por la aparición sobre ellos de "*lenguas repartidas, como de fuego*" (Hechos 2:2–3).

La paloma celestial, el estruendo tempestuoso y las lenguas de fuego que se asentaron sobre los ciento veinte fueron tan convincentes como la estrella y las voces a medianoche de las huestes celestiales.

La promesa dada y cumplida

En Juan 16:7 se nos da explícitamente la promesa del Espíritu Santo:

> *Pero yo os digo la verdad: Os conviene que yo me vaya; porque si no me fuera, el Consolador no vendría a vosotros; mas si me fuere, os lo enviaré.*

"*Si me fuere, os lo enviaré*". Esa promesa se cumplió el día de Pentecostés después de que los discípulos hubieran esperado, según el mandamiento de Jesús, "*unánimes en oración y ruego*" (Hechos 1:14).

La identificación del creyente con Cristo en Su muerte y resurrección

Entre el día en que el Espíritu Santo fue prometido y el momento de Su llegada en Pentecostés, se produjo el gran día de la crucifixión de nuestro Señor. Cristo tuvo que sufrir a fin de que el don del Espíritu Santo fuese posible para el hombre. También hay un día de crucifixión para el cristiano; debe ser crucificado con Cristo: el "viejo hombre" debe ser clavado en la cruz, porque de ninguna otra manera podemos ser liberados del pecado. Morir al pecado es un acto real, una experiencia genuina.

"*Porque somos sepultados juntamente con él para muerte por el bautismo*" (Romanos 6:4) y "*llegando a ser semejante a él en su muerte*" (Filipenses 3:10), somos participantes de la vida resucitada de Jesús. La nueva vida de poder y victoria en Dios se hace nuestra, y somos elevados por medio de Cristo a Su propia vida de resurrección, en una experiencia espiritual real.

Tan necesaria como la crucifixión o la resurrección es la ascensión. Jesús ascendió al cielo; está sentado a la diestra del Padre. Según la promesa, Él envía el Espíritu Santo, que también es llamado en la Biblia el Espíritu de Jesús y el Espíritu de Cristo. El Espíritu Santo entrando en nosotros, tomando posesión de nuestra personalidad, viviendo en nosotros, moviéndonos, controlándonos y elevándonos a experiencias celestiales en Cristo Jesús es el bautismo en el Espíritu Santo, del cual somos hechos participantes en la vida ascendida de Cristo en gloria.

Una recepción personal de un Espíritu Santo personal

El derramamiento del Espíritu Santo no es sólo dispensacional, sino que Su recepción en el corazón ha de ser una experiencia personal y consciente de todo cristiano que haya buscado recibir poder de lo alto. La primera experiencia pentecostal se nos da en el segundo capítulo de Hechos:

> *Y de repente vino del cielo un estruendo como de un viento recio... y se les aparecieron lenguas repartidas, como de fuego... Y fueron todos llenos del Espíritu Santo, y comenzaron a hablar en otras lenguas, según el Espíritu les daba que hablasen.* (Hechos 2:2–4)

Hablar en lenguas es la voz de Dios. Es Dios hablando por medio de nosotros.

> *Nota:* En este punto el Espíritu Santo habló por medio del hermano Lake en una lengua desconocida (veáse 1 Corintios 14:2). Se pidió a la congregación que participase en oración silenciosa para pedir la interpretación de las palabras habladas en lenguas (véase 1 Corintios 14:13). Inmediatamente, Dios respondió. La interpretación fue la siguiente:

Interpretación de un mensaje en lenguas

Cristo es a la vez el intachable descenso de Dios al hombre y el ascenso sin pecado del hombre a Dios, y el Espíritu Santo es el agente mediante el cual se logra eso.

¡Gloria a Dios! Él es el Cristo, el Hijo de Dios. Su expiación es una expiación real. Su sangre limpia de todo pecado. El hombre se convierte de nuevo en el lugar de morada de Dios.

¿Y qué de las manifestaciones?

Consideremos ahora algunas de las maravillosas manifestaciones de Dios a Su pueblo en el Nuevo Testamento, bajo el bautismo del Espíritu Santo. Tomaremos el capítulo diez de los Hechos de los Apóstoles:

Cornelio, un centurión gentil que vivía en Cesarea, tiene una visión. Se le aparece un ángel, y el ángel le transmite un mensaje consolador de Dios. Este mensajero celestial también le da la dirección del apóstol Pedro, quien estaba en Jope predicando a Jesús, sanando a los enfermos y entregando viva a la muerta Dorcas a las viudas que hacían lamentación por ella. Cornelio recibe el mandato de enviar a buscar a Pedro: *"él te dirá lo que es necesario que hagas"* (Hechos 10:6).

Dos sirvientes de confianza y un devoto soldado son enviados de inmediato a Jope a buscar a Pedro. Al día siguiente, cuando los mensajeros se acercan a la ciudad, Pedro estaba orando y, en un trance, tuvo una visión. Mediante esa visión Dios le enseñó una lección muy necesaria y eficaz sobre la hermandad de los hombres, y quitó de su corazón ciertos prejuicios raciales inherentes que Pedro, como judío, tenía hacia la predicación del evangelio a los gentiles.

Pensemos en eso: ¡el gran Pedro en un trance! Si yo cayera al piso en un trance en este mismo momento, no tengo dudas de que el nueve décimas partes de esta audiencia afirmarían que fue un caso de hipnotismo; que mi oponente, el hermano Du Toit, me había hipnotizado.

Mientras Pedro pensaba en la visión, recibió un mensaje mediante el Espíritu, diciendo: "*He aquí, tres hombres te buscan. Levántate, pues, y desciende y no dudes de ir con ellos, porque yo los he enviado*" (Hechos 10:19–20).

La señal de las lenguas

Pedro acompañó a los tres hombres a Cesarea, y dedicó el evangelio a los que estaban reunidos en la casa de Cornelio. Todos ellos fueron bautizados en el Espíritu Santo. *"Y los fieles de la circuncisión que habían venido con Pedro se quedaron atónitos de que también sobre los gentiles se derramase el don del Espíritu Santo"* (versículo 45). ¿Cómo supieron que habían sido bautizados en el Espíritu Santo? *"Porque los oían que hablaban en lenguas, y que magnificaban a Dios"* (versículo 46). Ese glorioso servicio del Espíritu Santo terminó en el bautismo en agua de aquellos que ya habían sido bautizados en el Espíritu Santo.

Pablo nos habla

En el capítulo 22 de Hechos, leemos el relato de Pablo de su propia conversión del judaísmo para convertirse en discípulo de Jesucristo. Un grupo de hombres a caballo (Saulo y ciertos oficiales de la ley) van de camino a Damasco. Saulo tiene la comisión de arrestar a todos aquellos que invoquen el nombre de Jesús. De repente, les rodeó una luz del cielo mayor que la luz del sol. "*Y los que estaban conmigo vieron a la verdad la luz, y se espantaron; pero no entendieron la voz del que hablaba conmigo*" (Hechos 22:9).

En el capítulo 26 de Hechos, Pablo dice:

> *Y habiendo caído todos nosotros en tierra* [pensemos en eso: todo el grupo cayó en tierra], *oí una voz que me hablaba, y decía en lengua hebrea: Saulo, Saulo, ¿por qué me persigues?*
> (Hechos 26:14)

¿Quién es el que habla? "*Yo soy Jesús, a quien tú persigues*" (versículo 15).

Trances, visiones, revelaciones

A fin de entender toda la fuerza de ese incidente, al igual que aprender la fuente del maravilloso ministerio de Pablo y de su profunda perspectiva de las cosas espirituales, debemos descubrir de dónde obtuvo su conocimiento del evangelio. ¿Le fue comunicado por los otros apóstoles que habían estado con Jesús durante Su ministerio terrenal? No. Le fue revelado en trances y en visiones. El recibió el conocimiento directamente del Cristo mismo ascendido y glorificado.

> *Mas os hago saber, hermanos, que el evangelio anunciado por mí, no es según hombre; pues yo ni lo recibí ni lo aprendí de hombre alguno, sino por revelación de Jesucristo.*
>
> (Gálatas 1:11–12)

MÁS VISIONES

En Hechos 22:12, Pablo habla de Ananías que fue a verle. ¿Cómo supo Ananías que Pablo estaba allí? El misterio se explica en Hechos 9:10–11.

> *Había entonces en Damasco un discípulo llamado Ananías, a quien el Señor dijo en visión: Ananías. Y él respondió: Heme aquí, Señor. Y el Señor le dijo: Levántate, y ve a la calle que se llama Derecha, y busca en casa de Judas a uno llamado Saulo, de Tarso; porque he aquí, él ora.*

Y ahora el Señor le dice a Ananías lo que Pablo había visto:

> *Y ha visto en visión a un varón llamado Ananías, que entra y le pone las manos encima para que recobre la vista.* (Hechos 9:12)

En el versículo siguiente, Ananías habla con el Señor. ¿Conoce usted algo de tales revelaciones, de tal comunión con conversaciones con Dios? Si no es así, obtenga el bautismo del espíritu Santo como hicieron los primeros cristianos, y los conocimientos y experiencias de ellos en Dios serán de usted. Los hombres nos dicen: "¿De dónde obtienen su perspectiva de la Palabra de Dios?". Nosotros respondemos: "De donde la obtuvieron Pablo y Pedro, es decir, de Dios mediante el Espíritu Santo".

Ananías fue tal como el Señor le dirigió y encontró a Pablo. Ananías le impuso sus manos, y el recibió la vista, fue bautizado en agua y también en el Espíritu Santo, y hablaba el lenguas *"más que todos vosotros"* (1 Corintios 14:18).

Ahora, leamos de nuevo Hechos 22:14. Ananías está hablando a Pablo:

> *Y él dijo: El Dios de nuestros padres te ha escogido para que conozcas su voluntad, y veas al Justo, y oigas la voz de su boca.*

Quiero que observen las frases *"**veas** al Justo"* y *"**oigas** la voz de su boca"*.

DEFINICIÓN DE TRANCE

¿Cuándo vio Pablo al Justo? ¿Cuando oyó la voz de su boca? La primera mención que se hace, después de las palabras proféticas de Ananías en Hechos 22:14, de que Pablo viese y oyese al Justo fue cuando estaba en un trance o éxtasis después de haber regresado a Jerusalén:

> *Y me aconteció, vuelto a Jerusalén* [tres años después de que Ananías hubiera profetizado], *que orando en el templo me sobrevino un éxtasis. Y le vi* [a Jesús] *que me decía: Date prisa, y sal prontamente de Jerusalén; porque no recibirán tu testimonio acerca de mí.*
>
> (Hechos 22:17–18)

Ahora bien, ¿qué es un éxtasis? En un éxtasis, el Espíritu predomina sobre la mente y el cuerpo, y durante ese periodo, el control del individuo está en el Espíritu. Nuestra ignorancia de la manifestación espiritual es tal que incluso ministros de la religión se ha sabido que han dicho que tales experiencias y condiciones son del diablo.

Ahora bien, veamos cuándo Pablo oyó y vio por primera vez al Justo, cuando recibió su comisión a predicar, cuáles eran su condición y actitud en ese momento (véase Hechos 26:12, 16–18). Pablo recibió su comisión a predicar mientras estaba caído en tierra en el polvoriento camino cerca de Damasco en un éxtasis, habiendo sido conducido a ese estado por el poder y la gloria de la luz celestial que brillaba a su alrededor. Ahora bien, si viéramos a alguien caído en el camino y hablando con "alguien" invisible, no hay duda de que, en nuestra ignorancia, llamaríamos a una ambulancia o a la policía. Pero fue allí donde Pablo recibió su comisión y fue nombrado predicador y apóstol a los gentiles.

> *Nota:* Recibir revelación del Señor no requiere estar en estado de trance, pues Pablo dijo claramente: "*Mas os hago saber, hermanos, que el evangelio anunciado por mí, no es según hombre; pues yo ni lo recibí ni lo aprendí de hombre alguno, sino por revelación de Jesucristo*" (Gálatas 1:11–12).

Manifestaciones del Espíritu

De aquí podemos percibir y entender en cierta medida las operaciones de Dios en aquellos que se sitúan bajo el poder del Espíritu Santo. Y ahora, amados, ¿está el Espíritu Santo en la iglesia en la actualidad?

Claro que sí. Pero puede que digan: "¡Pero no le vemos obrar de esa manera en nuestra iglesia!". ¿Por qué? Porque ustedes dicen: "Todas esas cosas eran para los días de los apóstoles". ¿Pueden encontrar algún lugar en las Escrituras que diga que los dones del Espíritu Santo han sido retirados de la iglesia de Cristo? No haya autoridad bíblica alguna para tal afirmación, sino más bien leemos: "*Porque irrevocables son los dones y el llamamiento de Dios*" (Romanos 11:29).

Los dones

He predicado en cuatro países diferentes y, con una excepción, ningún ministro cristiano ha sido capaz de nombrarme los nueve dones del Espíritu Santo. Estos dones se enumeran en 1 Corintios 12:8–11. Me agradó mucho escuchar al hermano Du Toit leerlos al comienzo de este servicio. Demuestra que las personas están comenzando a leer y a pensar al respecto. Los dones del Espíritu Santo son:

1. Sabiduría
2. Conocimiento
3. Fe
4. Dones de sanidad
5. Obrar milagros
6. Profecía
7. Discernimiento de espíritus
8. Diversos tipos de lenguas (varios lenguajes no aprendidos naturalmente sino por el Espíritu)

9. Interpretación de lenguas

Doy gracias a Dios por estos preciosos dones del Espíritu y especialmente por los dones de sanidad. Que todos aprendamos a conocer a Cristo no sólo como nuestro Salvador, ¡sino también como nuestro Santificador y Sanador!

Dios restaura a Su pueblo

Amados, hemos visto que el Espíritu Santo vino en Pentecostés y que esos dones también estuvieron allí; sin embargo, mediante la falta de fe, muchas veces no los vemos ejercitados ahora.

La Misión de Fe Apostólica sostiene el obtener el Espíritu Santo mediante el bautismo personal en Él y el recibimiento de *"poder de lo alto"* (Lucas 24:49), como ordenó Cristo, y el que se mandó a los discípulos que "esperasen" antes de salir a predicar el evangelio. Porque: *"recibiréis poder, cuando haya venido sobre vosotros el Espíritu Santo"* (Hechos 1:8).

Bautismo en el Espíritu Santo

Hablar en lenguas es la evidencia externa de que el Espíritu Santo ha tomado posesión del cuerpo del creyente y, por tanto, de la lengua. Es la voz de Dios que habla por medio de los labios santificados del creyente.

En Hechos 2:4, los ciento veinte discípulos hablaron en lenguas. En Hechos 10:44–48, cuando el Espíritu Santo cayó sobre los gentiles, Pedro ordenó que también ellos debían ser bautizados en agua.

> *¿Puede acaso alguno impedir el agua, para que no sean bautizados estos que han recibido el Espíritu Santo también como nosotros?*
> (Hechos 10:47)

¿Cómo sabían que eran bautizados en el Espíritu Santo?

> *Porque los oían que hablaban en lenguas, y que magnificaban a Dios.* (versículo 46)

Hablar en lenguas fue, por tanto, la evidencia del bautismo en el Espíritu Santo, mediante la cual también Pedro reclamó el derecho de bautizarlos en agua, porque él sabía que sólo aquellos que eran salvos podían recibir el bautismo en el Espíritu Santo. En Hechos 19:1–7, Pablo encontró en Éfeso a doce hombres que habían sido bautizados en el bautismo de Juan. Él volvió a bautizarlos en el bautismo cristiano y en el nombre de Jesucristo. Cuando Pablo impuso sus manos sobre ellos, el Espíritu Santo vino sobre ellos y hablaron en lenguas y profetizaron.

> *Así que, las lenguas son por señal, no a los creyentes, sino a los incrédulos.*
> (1 Corintios 14:22)

Capítulo 2

El precursor de "la lluvia tardía de Dios"

Librito

Una carta general a
Christian Public Pentecost en Sudáfrica
Agosto de 1908

Amados en Jesús en todo lugar! A fin de que el público cristiano pueda ser consciente de lo que Dios está haciendo en medio de nosotros, hemos decidido emitir este boletín para informar a nuestros amigos en todo lugar de la maravillosa manera en que Dios está obrando no sólo en Johannesburgo, Pretoria, Krugersdorp y otros centros, sino también en muchos lugares por toda la tierra, donde el Espíritu Santo está siendo derramado sobre las personas.

El 14 mayo, un grupo de misioneros bautizados en el Espíritu Santo llegaron desde América a Johannesburgo, y enseguida comenzaron a dirigir reuniones en esta ciudad, siendo el lugar principal de reunión la vieja iglesia presbiteriana en la esquina de las calles Bree y Von Wieligh. Desde el comienzo de esos servicios, el poder de Dios se ha manifestado en gran manera en la salvación de pecadores de todas clases, muchos de los cuales han sido santificados y bautizados con el Espíritu Santo y han hablado en varios tipos de lenguas como en el día de Pentecostés (véase 1 Corintios 12 y Hechos 2). También ha habido muchos casos de sanidades milagrosas de todo tipo de enfermedades. Predicadores y laicos, jóvenes, hombres y mujeres y personas mayores por igual han recibido de Dios el bautismo del Espíritu Santo y están hablando en lenguas y alabando a Dios con un nuevo gozo y poder anteriormente desconocidos para ellos. El testimonio universal de quienes reciben el bautismo del Espíritu Santo ha sido, y es, que Dios ha obrado en ellos, y está obrando en ellos, en la salvación, santificación y sanidad de otros de modo nunca antes conocido en sus vidas. El testimonio de un obrero cristiano holandés ilustra este punto. Él dice:

> He sido un predicador del evangelio por años. Hasta el momento en que comencé a asistir a esas reuniones, nunca había podido imponer mi mano con certeza sobre alguien que yo estuviera seguro que había sido convertido y salvo bajo mi ministerio, pero desde que encontrado a Jesús, mi Santificador, y desde que he recibido el bautismo del Espíritu Santo, y desde que Dios ha comenzado a hablar por medio de mí en lenguas, he entrado a una cercanía tal con Dios que ahora mi ministerio ha cambiado por completo. En casi cada reunión hay personas que son salvas, santificadas o bautizada con el Espíritu Santo.

Esta obra de Dios que está siendo manifiesta en medio de nosotros es sólo la que está siendo manifiesta en el momento presente en todo el mundo. En toda nación se está produciendo este mismo derramamiento del Espíritu de Dios sobre toda carne. Creemos que es la "lluvia tardía" de la Escritura prometida por el Señor (véase Joel 2.23–29 y Hechos 2:17–21).

Este derramamiento del Espíritu de Dios está manifestando la preparación que Dios está haciendo del mundo para la pronta aparición de Jesucristo en Su segunda venida (véase Santiago 5:7–8).

Casi universalmente, las primeras palabras del primer mensaje que el Señor da a la nueva alma bautizada, ya sea en lenguas o en su idioma natal, es: "Arrepiéntete. Jesús viene. El tiempo se acerca. ¡Prepárate!".

Este derramamiento del Espíritu no está limitado a ningún grupo, iglesia o culto. En Johannesburgo vemos personas de todas las denominaciones y de todo credo religioso que buscan a Dios para recibir una obra real y definida de gracia en sus almas, recibiendo de Él el bautismo del Espíritu Santo, porque "*ése es el que bautiza con el Espíritu Santo*" (Juan 1:33; véase también Hechos 10:44–48).

Vemos que, en las vidas de esos hijos de Dios bautizados, siguen las señales de un verdadero misterio del evangelio, tal como Jesús prometió en Marcos 16:14–20.

Tan sólo relatamos cosas que nuestros ojos han visto y nuestros oídos han oído. Los mensajes más maravillosos del Señor, mediante el Espíritu Santo, han sido dados por medio de muchos en medio de nosotros. Es común que en cualquier servicio público el Espíritu Santo utilice a individuos para dar mensajes en lenguas, siguiendo invariablemente la interpretación, tal como ocurría en la iglesia primitiva del primer siglo (véase 1 Corintios 14).

Es la intención y el propósito de este comité, el cual está compuesto sólo por obreros cristianos sinceros y es totalmente interdenominacional en carácter, publicar un documento (tanto en holandés como en inglés) para que las personas de Sudáfrica y del mundo puedan tener la oportunidad de conocer por sí mismas estas maravillosas obras de Dios en estos últimos tiempos; para que ellos, al igual que nosotros, puedan unirse en oración a Dios para que llegue un poderoso derramamiento de Su Espíritu sobre esta tierra, y que la ola de pecado e iniquidad que ha barrido y ha maldecido esta tierra sea retirada y se establezca de manera manifiesta un reino de justicia, y que todas las gentes y todas las naciones se postren a los pies de Cristo nuestro Rey, y que Dios bendiga y prepare a cada uno y a todos para la aparición de nuestro Señor (véase Juan 14:1–3).

Las operaciones del Espíritu de Dios se identifican fácilmente (véase Juan 14:12–17, 26 y Juan 16:7–14).

Estos misioneros de la Fe Apostólica que ahora están en medio de nosotros—el hermano y la hermana Thomas Hezmalhalch, el hermano y la hermana John G. Lake, el hermano Jacob O. Lehman, y la hermana Ida P. Sackett—son hombres y mujeres humildes que incuestionablemente han sido enviados por Dios a Sudáfrica en este momento con este mensaje. Ellos no representan a ninguna organización, y su ministerio es para la gente. No hay ninguna junta tras ellos. Al igual que en toda obra del Espíritu Santo por toda la tierra, ellos confían en Dios, y solamente Dios, para su sostén. No se impone ningún cargo de ningún tipo por los servicios religiosos, las oraciones por los enfermos o cualquier otra obra. No se recibe ningún salario, cada individuo confía únicamente Dios para su propio mantenimiento, como hacían los apóstoles en los primeros tiempos (véase Lucas 9:1–6).

Maravillosos testimonios de sanidad milagrosa se escuchan en las reuniones. Esas reuniones son sencillamente servicios evangélicos donde el Espíritu de Dios tiene el control, en muchos casos Dios utiliza a muchachos y muchachas, y también a personas mayores, para dar mensajes y orar con los enfermos.

Entre aquellos que han sido bautizados con el Espíritu Santo están holandeses e ingleses, judíos y gentiles, blancos y negros, y en una reciente reunión un misionero chino de Canton, que ministra entre los chinos aquí, recibió el bautismo del Espíritu Santo y habló en lenguas. Que la venida de nuestro Salvador Jesucristo está cercana, lo creemos verdaderamente aquellos de nosotros que hemos visto el progreso de esta obra. En todos esos mensajes dichos por el Espíritu Santo no se dan tiempos ni fechas, pero en cada mensaje llega la advertencia universal: "*Por tanto, también vosotros estad preparados; porque el Hijo del Hombre vendrá a la hora que no pensáis*" (Mateo 24:44).

Nuestro propósito al escribir esta carta es que las personas puedan saber lo que Dios está haciendo. No contraemos deuda de ningún carácter, sino que obedecemos el mandato del Señor: "*No debáis a nadie nada*" (Romanos 13:8). Por consiguiente, cuando se necesitan fondos, pedimos a Dios en oración que envíe los fondos que sean necesarios. Y pedimos a todo hombre y mujer cristianos que se unan a nosotros en oración para que Dios proporcione los medios con los cuales publicar un documento, tanto en holandés como en inglés, que será conocido como "La lluvia tardía de Dios", a fin de que los testimonios de quienes han sido salvos, santificados y bautizados con el Espíritu Santo—y otros que hayan sido milagrosamente sanados por el Señor—puedan publicarse, para que todos conozcan y se conviertan en participantes de estas bendiciones de los últimos tiempos.

Este es el movimiento de evangelización de Dios. No está controlado por el hombre ni por el gobierno del hombre, y no es una organización que el hombre haya promovido. Es el Espíritu de Dios siendo derramado sobre las personas. Se conocen ejemplos en que el Espíritu de Dios ha caído sobre familias en Sudáfrica, donde no ha estado ningún predicador ni maestro; solamente Dios, en respuesta a la oración, bautizando a esos hijos de Dios con el Espíritu Santo, llenando y emocionando sus almas con los gozos y los poderes del mundo venidero (véase Hebreos 6:1–6).

El himno impreso a continuación fue dado al hermano Thomas Hezmalhalch por la inspiración del Espíritu Santo.

Jesús viene
Letra de T. Hezmalhalch
Música de F. A. Graves
© 1907 by Thos. Hezmalhalch

Estrofa 1:
¡Jesús viene! ¡Sí, viene por mí!
¡Jesús viene! Su gloria yo veré.
Las nubes son Sus carros; los ángeles Su guardia.
¡Jesús viene! Qué claras son Sus palabras.

Coro:
Viene otra vez, viene otra vez,
Jesús viene, viene a reinar.
Las nubes son sus carros,
Los ángeles Su guarda.
Jesús viene,
Cuán preciosa es Su Palabra.

Estrofa 2:
¡Jesús viene! ¡Oh gloria divina!
¡Jesús viene! El Señor que mío es;
Sí, viene triunfante con gritos y cantos;
¡Jesús viene! No queda mucho tiempo.

Estrofa 3:
¡Jesús viene! ¡Él no está lejos!
¡Jesús viene! No nos importará no quedarnos;
Las nubes por nuestros carros; los ángeles
nuestra guarda;
¡Jesús viene! Esta verdad es Su Palabra.

Estrofa 4:
¡Jesús viene! ¡Los justos resucitarán!
Jesús, cuya venida celebraremos en los cielos;
El mundo no nos verá; con Jesús nos habremos ido.
Cantando para siempre el alegre canto.

Estrofa 5:
¡Jesús viene! Sí, ¡todos entonces lo sabrán!
Jesús, cuya venida ha conquistado a
nuestro enemigo;
En victoria le encontraremos; ¡en triunfos
nos levantaremos!
¡Jesús ha venido! Gritaremos en los cielos.

Estrofa 6:
¡Jesús viene! ¡Oh santos, regocijo!
¡Jesús viene! Levanten sus voces;
Las nubes son Sus carros; los ángeles Su guardia.
Canten de Su venida y hablen de Su Palabra.

Estrofa 7:
¡Jesús viene! ¡Levanten himnos!
¡Jesús viene! El amoroso premio de nuestro Dios;
El gran Redentor del mundo, el Salvador
    de los hombres,
¡Jesús ha conquistado! Él viene a reinar.

Capítulo 3

Mi bautismo en el Espíritu Santo y cómo el Señor me envió a Sudáfrica

Librito

Divine Healing Institute • Portland, Oregon

El llamado de Dios

De la oscuridad de la noche te he llamado,
A la gloriosa luz del día,
Al conocimiento de la salvación de Dios,
Por medio de Jesús, la Verdad, la Luz y la Vida.

Aquel que ha plantado en tu propio seno
La salvación consciente mediante Jesús el Señor
Ahora espera ver el resultado del rescate
Cumplido en ti mediante el Espíritu y la Palabra.

Rinde, pues, tu ser, como Él, a tu propio Maestro,
Su camino para ti es el camino de la cruz,
Perfeccionado Él, aun mediante tristezas
y sufrimiento,
Obediente, obediente hasta la muerte.

Aquí como con Él está el secreto de la victoria,
Que, después de morir, de la tumba resucitó,

En la nueva vida de poder y majestad divinos
Triunfando sobre la muerte, el infierno y todos
    los enemigos.

Ascendiendo sobre todos los cielos,
A las esferas de la gloria divina,
Reinando como Conquistador y enviando
    Su Espíritu,
Morando por siempre en tu corazón y el mío.

Así, en nuestra naturaleza el Espíritu de conquista
Nos impulsa en la guerra santa de Dios,
Avanzando, obligando, librando, destruyendo
A todos las potestades de oscuridad dondequiera
    que estén.

Por la muerte a la victoria, por la prueba
    a la conquista,
Por el sufrimiento a la gloria, el dominio y el poder,
Así el Calvario ahora se convierte
    en la puerta abierta
A Jesús, al cielo, al discipulado.

Mi bautismo en el Espíritu Santo

Habían pasado ocho años desde que Dios me revelase a Jesús el Sanador. Yo había estado practicando el ministerio de sanidad. Durante aquellos ocho años, cada respuesta a la oración, cada toque milagroso de Dios, cada respuesta de mi propia alma al Espíritu habían creado en mi interior un anhelo más intenso de intimidad con Dios y conciencia de Él, como yo sentía que los discípulos de Jesús y la iglesia primitiva habían poseído.

Poco después de mi entrada en el ministerio de sanidad, mientras asistía a un servicio en el que se estaba presentando la necesidad del bautismo del Espíritu, cuando me arrodillé en oración y nueva consagración a Dios, vino sobre mí una unción del Espíritu. Oleadas de gloria santa atravesaron mi ser, y fui elevado a una nueva conciencia de la presencia y el poder de Dios.

Ministré durante algunos años en el poder de esa unción. Las respuestas a las oraciones eran frecuentes, y se producían de vez en cuando milagros de sanidad. Yo me sentía en la frontera de una gran esfera y conciencia espiritual pero era incapaz de entrar plenamente, y por eso mi naturaleza no estaba satisfecha con el logro. Los amigos me decían: "Tienes el bautismo del Espíritu; si no lo tuvieras, no podrías disfrutar de un ministerio tan fructífero como el que tienes", y otras frases de esta naturaleza. Sin embargo, el anhelo que había en mi alma era para mí la evidencia de que había una experiencia mejor de la que mi alma conocía.

Finalmente, me sentí dirigido a apartar ciertas horas del día que dedicaba a Dios como tiempos de meditación y oración. Así pasaron varios meses hasta que una mañana, mientras estaba orando de rodillas, el Espíritu del Señor habló a mi espíritu y dijo: "Sé paciente hasta el otoño". Mi corazón se regocijó con ese aliento. Continúe con mi práctica de meditación y oración. Se hizo fácil apartar mi alma del curso de la vida, de modo que mientras mis manos y mi mente estaban ocupados en los asuntos comunes de cada día, mi espíritu mantenía su actitud de comunión con Dios. Por tanto, la oración silenciosa se convirtió en una práctica habitual. Ciertamente, lo había sido en gran parte durante toda mi vida.

En el otoño, me pusieron en contacto con un ministro del evangelio que predicaba un claro mensaje de Dios y del bautismo del Espíritu Santo. En mi estudio del hombre y su enseñanza, me sorprendió el hecho de que su interpretación de la Palabra de Dios fuese extremadamente leal a lo que mi alma entendía como el verdadero espíritu de la Palabra.

Mediante su enseñanza, fui guiado a una conciencia cada vez más profunda y más clara del poder de Dios para mantener el corazón del hombre libre de la conciencia de pecado. En lugar de la lucha normal contra la maldad en mi vida interior, esa conciencia del poder limpiador de Dios en mi naturaleza interior se hizo evidente y una nota de alegría y victoria llegó a mi alma.

En ese periodo, además de mi trabajo como ministro del evangelio, también trabajaba como gerente de agentes para una empresa de seguros de vida.

Durante el periodo del cual hablo ahora, predicaba prácticamente cada noche. Después de nuestros servicios, tenía el hábito de unirme a un círculo de amigos que, como yo mismo, estaban decididos a orar perseverantes a Dios hasta que pudiéramos recibir el bautismo del Espíritu Santo, como creíamos que los primeros discípulos lo habían recibido.

Yo creía que mi espíritu no sólo debería ascender a una nueva conciencia de la presencia de Dios, sino que también el evidente y consciente poder de Dios debería venir sobre mi vida. En mi consagración a Dios, una y otra vez yo decía "Dios, si me bautizas en el Espíritu Santo y me das el poder de Dios, nada podrá interponerse entre una obediencia al cien por ciento y yo".

Seguí reuniéndome con esos amigos casi cada noche durante meses. Una bendita mujer de Dios que estaba de visita en nuestra ciudad y estaba mi casa, al observar la angustia de mi espíritu me dijo un día: "Venga y oremos". Cuando nos arrodillamos, ella dijo: "Mientras oramos, si Dios le revela cualquier causa que obstaculice el que usted no reciba el bautismo del Espíritu, me lo dirá; y si Él me revela cualquier causa a mí, yo se lo diré". Oramos, y ningún obstáculo nos fue revelado a ninguno de nosotros. Entonces ella dijo: "Obedeceremos la Palabra de Dios y la práctica de la Iglesia primitiva". Imponiendo sus manos sobre mi cabeza, ella rogó a Dios que yo pudiese recibir el bautismo del Espíritu Santo.

Una profunda calma me inundó. En la tarde, un hermano ministro me llamó y me invitó a que le acompañase a visitar a una señora que estaba enferma. Al llegar a la casa, encontramos a una señora en silla de ruedas. Todas sus articulaciones estaban rígidas debido al reumatismo inflamatorio. Ella llevaba diez años en ese estado.

Mientras mi amigo conversaba con ella, preparándola para que orásemos con ella para que fuese sanada, yo estaba sentado en un sillón bajo al lado contrario de aquella habitación grande. Mi alma estaba clamando a Dios con un anhelo demasiado profundo para expresarlo con palabras cuando, de repente, me pareció que había atravesado una cascada de cálida lluvia tropical, que no caía sobre mí sino que caía a través de mí. Mi espíritu, mi alma y mi cuerpo, bajo aquella influencia, estaban inmersos en una calma tan profunda y tranquila como nunca antes había conocido. Mi cerebro, que siempre había estado muy activo, se quedó totalmente tranquilo. Una reverencia por la presencia de Dios cayó sobre mí. Yo sabía que era Dios.

Pasaron unos momentos; no sé cuántos. El Espíritu dijo: "He oído tus oraciones, he visto tus lágrimas; ahora eres bautizado en el Espíritu Santo". Aquello que parecía lluvia cesó, pero había dejado una calma, una tranquilidad de Dios sobre mí que mis palabras no pueden expresar. Entonces, corrientes de poder comenzaron a pasar por mi ser desde mi cabeza hasta las plantas de mis pies. Aquellas ráfagas de poder aumentaron en rapidez y voltaje. A medida que esas corrientes de poder me atravesaban, parecían situarse sobre mi cabeza, atravesar mi cuerpo y pasar por mis pies hasta el piso. Aquel poder era tan grande que mi cuerpo comenzó a vibrar intensamente, de modo que creo que si no hubiera estado sentado en un sillón tan profundo y bajo, podría haberme caído al piso.

Una abrumadora conciencia de la presencia de Dios se apoderó de mí. Una nueva oleada de poder, que agarraba mi carne, parecía llegar desde mis pies y moverse hacia arriba. Mi garganta y mi lengua comenzaron a moverse de manera extraña, y descubrí que era incapaz de hablar en inglés. Realmente comencé a hablar en otro idioma que nunca había aprendido, por el poder del Espíritu.

Durante años yo había estudiado en profundidad los fenómenos psíquicos, y había observado entre diferentes grupos de personas cristianas varias manifestaciones. A veces eran del Espíritu de Dios, pero otras veces eran puramente psíquicas. Oré: "Padre, Tú sabes que he sido testigo de muchas fases de fenómenos psíquicos. ¿Es esto el poder de Dios que está atravesando mi ser, o es alguna característica de fenómeno psíquico? ¿Es poder verdadero, o simplemente yo creo que es poder? Padre, quiero saberlo".

Dios respondió el clamor de mi corazón de la manera siguiente. En ese instante, observé que mi amigo me hacía señas de que me acercase para unirme a él en oración por la mujer que estaba enferma. Al estar tan concentrado, él no había observado que hubiera sucedido nada en mí. Yo me levanté para acercarme a él, pero vi que mi cuerpo temblaba con tanta violencia que me resultaba muy difícil caminar por la habitación, y especialmente controlar el temblor en mis manos y mis brazos. Yo estaba familiarizado con las personas enfermas al haberles ministrado durante muchos años. Sabía que no sería sabio imponer mis manos de aquella manera sobre la mujer enferma, pues era posible que le lastimase.

Se me ocurrió que lo único necesario era tocar con las puntas de mis dedos la cabeza de la paciente, y entonces las vibraciones no le dañarían. Y eso hice. Al instante, las corrientes de poder santo atravesaron mi ser y supe que de igual manera atravesaron a la persona enferma. Ella no habló, pero aparentemente se sorprendió por el efecto en su cuerpo. Mi amigo, que había estado hablando con ella, estaba arrodillado mientras le hablaba con toda sinceridad. Él se puso en pie, diciendo: "Oremos para que el Señor la sane ahora".

Tras decir eso, él la agarró de la mano. En el instante en que sus manos se tocaron, una oleada de dinámico poder atravesó mi persona y también a la mujer enferma, y cuando mi amigo agarró su mano, la ola de poder pasó de ella a él. La ráfaga de poder que llegó a él fue tan grande que le hizo caer al piso.

Él me miró con alegría y sorpresa y, poniéndose de pie, dijo: "Gloria al Señor, John, ¡Jesús te ha bautizado en el Espíritu Santo!".

Entonces agarró la mano paralizada que había estado rígida durante tantos años. Las manos cerradas se abrieron y las articulaciones comenzaron a funcionar: primero los dedos, después la mano y la muñeca, después el codo, el hombro, etc.

Aquellas fueron las manifestaciones externas, ¿pero quién podía describir las emociones de gozo inexpresable que atravesaban mi espíritu? ¿Quién podía comprender la paz y la presencia de Dios que llenaban mi alma? El poder santificador del Espíritu en mi misma carne, subyugando toda mi naturaleza a lo que yo entendía que era la naturaleza de Cristo. La revelación de Su voluntad, la inexpresable ternura que me poseía, un amor por la humanidad que yo nunca había conocido: todo eso nació en mi interior.

Incluso ahora que ha pasado tanto tiempo, diez años después, la reverencia de aquel momento descansa sobre mi alma. Mi experiencia ha sido verdaderamente, como Jesús dijo: "*será en él una fuente de agua que salte para vida eterna*" (Juan 4:14). Esa fuente inagotable ha fluido por mi espíritu, alma y cuerpo día y noche, llevando salvación y sanidad y el bautismo del Espíritu en el poder de Dios a multitudes.

Cómo el Señor me envío a Sudáfrica

Poco después de mi bautismo en el Espíritu Santo, comenzó una obra del Espíritu en mí, que parecía tener como propósito la revelación de la naturaleza de Jesucristo a mí y en mí. Mediante esa enseñanza y remodelación del Espíritu se despertó en mi alma una gran ternura por la humanidad. Veía a la humanidad con nuevos ojos; me parecían ovejas errantes, alejadas, en medio de la confusión, andando a tientas y vagando de acá para allá. No tenían un objetivo definido y no parecían entender cuál era la dificultad o cómo regresar a Dios.

El deseo de proclamar el mensaje de Cristo y demostrar Su poder para salvar y bendecir crecía en mi alma, hasta que mi vida quedó dominada por esa abrumadora pasión.

Sin embargo, mi corazón estaba dividido. No podía seguir con éxito las tareas ordinarias de la vida y el trabajo. Cuando un hombre entraba en mi oficina, aunque yo sabía que veinte o treinta minutos de concentración en el negocio que había entre manos posiblemente me haría ganar miles de dólares, no podía hablar de negocios con él. Por una nueva capacidad de discernimiento, yo podía ver su alma y entender su vida interior y sus motivos. Le reconocía como una de las ovejas errantes, y anhelaba con un deseo abrumador ayudarle a conocer a Dios, a encontrar salvación y a encontrarse a sí mismo.

Esa división en mi alma entre los intereses del negocio y el deseo de ayudar a los hombres a llegar a Dios se volvió tan intensa que, en muchas ocasiones, lo que debía haber sido una exitosa entrevista de negocios y la conclusión de una estupenda transacción de negocios terminaba convirtiéndose en una reunión de oración, al invitar yo al individuo a arrodillarse conmigo mientras yo derramaban mi corazón delante de Dios por él.

Decidí hablar del asunto con el presidente de mi empresa. Sinceramente le dije cuál era el estado en que se encontraba mi alma, y su causa. Él respondió amablemente: "Usted ha trabajado duro, Lake. Necesita un cambio. Tómese tres meses de vacaciones, y si quiere predicar, predique. Pero al final de tres meses, 50.000 dólares al año le parecerá mucho dinero, y tendrá poco deseo de sacrificarlo por sueños de posibilidades religiosas".

Yo le di las gracias, acepté la invitación de unirme a un hermano en la obra de evangelismo, y salí de la oficina para nunca regresar.

Durante los tres meses, prediqué cada día a grandes congregaciones y vi a multitud de personas ser salvas de sus pecados y sanadas de sus enfermedades, y a cientos de ellas bautizadas en el Espíritu Santo. Después de los tres meses, le dije a Dios: "He terminado para siempre con todo en la vida a excepción de la proclamación y la demostración del evangelio de Jesucristo".

Me deshice de mis propiedades y distribuí mis fondos de la manera que creía que iría en el mejor interés del reino de Dios, y me dispuse a depender totalmente de Dios para el sostén de mí mismo y mi familia, y me abandoné a la predicación de Jesús.

Mientras estaba ministrando en una ciudad en el norte de Illinois, el muchacho de mantenimiento en el hotel donde estábamos buscaba a alguien que le ayudase a cortar un árbol muy grande. Yo me ofrecí voluntario para ayudarle. Mientras realizaba el acto de cortar el árbol, el Espíritu del Señor habló a mi espíritu, de manera clara y distintiva: "Ve a Indianapolis. Prepárate para una campaña de invierno. Consigue una sala grande. En primavera irás a África".

Regresé al hotel y le conté el incidente a mi esposa. Ella dijo: "Yo sabía desde hace varios días que tu trabajo aquí había terminado, porque cuando estaba orando el Espíritu me dijo: 'Tu esposo va a proseguir'".

Fui a Indianapolis. El Señor me dirigió de una manera tan maravillosa que, en unos cuantos días, había conseguido una sala grande y estaba dirigiendo servicios, tal y como Él me había indicado. En aquella misma época tuvo lugar el siguiente incidente, que ha tenido mucho que ver con el éxito de mi ministerio desde entonces.

Una mañana cuando bajé a desayunar, descubrí que mi apetito había desaparecido. No podía comer. Seguí con mi trabajo como siempre. A la hora de la comida, no tenía ganas de comer, ni tampoco en la cena. El día siguiente fue parecido, y el tercer día igual. Pero hacia la noche del tercer día, un abrumador deseo de orar tomó posesión de mí. Tan sólo quería estar a solas para orar.

Durante los días siguientes continué en ese mismo estado. No podía ni comer ni dormir. Sólo podía orar. La oración fluía de mi alma como un torrente. No podía dejar de orar. Cuando iba por la calle en el auto, oraba. En cuanto era posible conseguir un lugar para estar a solas, me arrodillaba para derramar mi corazón a Dios durante horas. En lo que estuviera haciendo, ese torrente de oración continuaba fluyendo desde mi alma.

La noche del sexto día de ese ayuno que el Señor había puesto sobre mí, mientras me lavaba las manos el Espíritu me dijo una vez más: "Ve y ora". Yo me di la vuelta y me arrodillé al lado de mi cama. Mientras oraba arrodillado, el Espíritu preguntó: "¿Cuánto tiempo has estado orando por el poder para echar fuera demonios?".

Y yo respondí: "Señor, mucho tiempo".

Y el Espíritu dijo: "Desde ahora en adelante, echarás fuera demonios". Me levanté y alabé a Dios.

La noche siguiente, a la conclusión del servicio un caballero se acercó a mí y señaló a una frase en letras rojas y grandes que había en la pared, que decía: "*En mi nombre echarán fuera demonios*" (Marcos 16:17). Él dijo: "¿Cree usted eso?".

Yo respondí: "Sí".

Él dijo: "No responda apresuradamente, porque he recorrido todo el país buscando un ministro que me dijese que creía eso. Muchos me han dicho que lo creían, pero cuando yo les preguntaba, descubría que querían matizar la frase".

Yo le dije: "Hermano, por lo que conozco mi alma, creo eso con todo mi corazón".

Entonces él dijo: "Le diré por qué pregunté. Hace dos años y medio, mi hermano, que es capataz de un gran elevador de granos, estaba en un servicio religioso. Él estaba buscando la gracia de la santificación y, de repente, se volvió violentamente loco. Lo metieron en el manicomio y allí está actualmente. De algún modo, en la apertura de su naturaleza, parece que un espíritu maligno lo poseyó. Los médicos que le han examinado declaran que todas las funciones de su cuerpo y de su cerebro son aparentemente normales, y no pueden dar respuesta a su locura. Si usted dice que cree en echar fuera demonios por el poder de Dios, traeré aquí a mi hermano el domingo desde el manicomio, y esperaré que usted eche fuera el demonio".

Yo respondí: "Hermano, tráigalo".

Entonces nos arrodillamos y oramos para que los oficiales de la institución fueran inclinados por el Espíritu de Dios a permitir que sacaran al hombre.

El domingo, llegó ese hombre en mitad del servicio. Estaba a cargo de su hermano, junto con un asistente de la institución. También estaba su anciana madre. Llegaron durante el servicio de predicación. Yo dejé de predicar y dije al asistente: "Tráigalo aquí; deje que se arrodille en el altar". Entonces miré a la audiencia y escogí a media docena de personas que yo sabía que eran personas de fe en Dios. Les invité a acercarse y arrodillarse en un semicírculo alrededor del hombre, y unirse a mí en oración por su liberación.

Cuando estaban arrodillados y estábamos orando, yo bajé de la plataforma, impuse mis manos sobre su cabeza y en el nombre de Jesucristo, el Hijo de Dios, ordené al demonio que le poseía que saliese de él. El Espíritu de Dios atravesó mi ser como un relámpago. Yo supe en mi alma que ese espíritu malo fue expulsado, y no me sorprendí cuando, en un momento, el hombre levantó su cabeza y me habló de modo inteligente. Unos minutos después, él se levantó del altar y se sentó en la primera fila al lado de su madre y de su hermano. Escuchó mi sermón en perfecta calma.

Cuando la congregación se puso en pie para cantar, él actúo con un poco de vergüenza porque nadie le había ofrecido un himnario. Así que yo me acerqué y le di el mío, y él cantó el himno con el resto de la congregación. Después de la conclusión del servicio, él se quedó y habló conmigo de manera perfectamente normal.

Él regresó al manicomio. El hermano y el asistente relataron lo que había sucedido. Los médicos le examinaron y aconsejaron que se quedase algunos días hasta que ellos estuvieran satisfechos en cuanto a si estaba curado o no. El miércoles, le dieron el alta. El jueves, regresó a su casa y volvió a su anterior puesto como capataz de un elevador de granos, siendo un hombre sanado.

Así, Dios me verificó Su palabra, y desde aquel día hasta hoy, el poder de Dios ha permanecido en mi alma, y he visto a cientos de personas dementes ser libradas y sanadas.

Un día durante el mes de febrero siguiente, mi compañero de predicación me dijo: "John, ¿cuánto costará llevar a nuestro grupo a Johannesburgo, Sudáfrica?".

Yo respondí: "Dos mil dólares".

Él dijo: "Si vamos a ir a África en primavera, ya es momento de que tú y yo estemos orando por el dinero".

Yo le dije: "He estado orando por el dinero desde Año Nuevo, y no he escuchado nada al respecto de parte del Señor ni de ninguna otra persona".

Él respondió: "No importa. Oremos de nuevo".

Fuimos a su cuarto y nos arrodillamos en oración. Él guió en una oración audible, mientras yo unía mi alma a él en fe y oración. Entonces me dio un golpecito en la espalda, diciendo: "No ores más, John. Jesús acaba de decirme que Él nos enviará esos dos mil dólares, y estarán aquí en cuatro días".

Unos días después, él regresó de la oficina de correos y puso sobre la mesa cuatro billetes de quinientos dólares, diciendo: "John, aquí está la respuesta. Jesús lo ha enviado. Nos vamos a África".

Compramos tickets de Indianapolis, Indiana, a Johannesburgo, Sudáfrica, para todo el grupo. El donativo del dinero había sido enviado al hermano H. Él me leyó una frase de la carta. Por lo que mejor puedo recordar, decía: "Mientras estaba en el banco en Monrovia, California, el Señor me habló: 'Envía al hermano H. dos mil dólares'. Adjunto los billetes. El dinero es de usted para cualquier propósito en que el Señor le haya dirigido a utilizarlo". Yo nunca supe quién escribió aquella carta, ya que el remitente no deseaba que nadie lo supiera.

Salimos de Indianapolis el día 1 de abril de 1898; mi esposa y siete hijos, otras cuatro personas y yo. Teníamos nuestros tickets para África, pero no teníamos dinero, a excepción de 1,50 dólares, para los gastos personales en el viaje. Cuando el tren salió de la estación, un joven fue corriendo al lado del tren y lanzó por la ventanilla un billete de dos dólares, haciendo que fuesen 3,50 dólares.[1] Una joven, que había sido una de nuestras obreras, nos acompañó hasta Detroit, Michigan. Ella necesitaba diez dólares para comprar el ticket hasta su destino. Mientras viajábamos, le dije a mi esposa: "Cuando lleguemos a Detroit, necesitaré diez dólares para el ticket de tren de la señorita W, y no tengo dinero". Así que inclinamos nuestras cabezas y oramos.

Yo nunca había dado a mis familiares o amigos la confianza de saber sobre mis problemas. Ellos no sabían si yo tenía dinero o no; sin embargo, cuando llegamos a Detroit, varios amigos estaban esperando para despedirnos. Cuando me bajé del tren en la estación, mi hermano me tomó del brazo y caminó conmigo por la estación. Me dijo: "Confío en que no te sientas ofendido, pero durante todo el día he sentido que me gustaría darte esto", y metió en el bolsillo de mi chaleco un billete de diez dólares. Yo le di las gracias, me di media vuelta para ir a comprar el ticket para la joven, y volví a reunirme con el grupo.

Con los 3,50 dólares que tenía compramos algunas latas de frijoles y otros comestibles, que utilizamos en el tren en ruta a St. Johns, New Brunswick, donde tomamos un barco hacia Liverpool. Al salir del barco,

[1] En la economía actual, el poder adquisitivo equivalente es aproximadamente de 93 dólares.

le di la mitad a nuestro camarero como propina. Nos quedamos una semana en Liverpool a cuenta de la compañía de transportes, esperando el segundo barco.

Un día, la Sra. Lake me dijo: "¿Qué hay de la colada para nuestro grupo?".

Yo respondí: "Envía la ropa a la lavandería. No tengo dinero, pero quizá el Señor nos provea antes de que tengamos que recogerla". Al estar muy ocupado, me olvidé por completo de eso. La última noche de nuestra estancia en Liverpool, justamente antes de haberme retirado, cerca de la medianoche, mi esposa dijo: "¿Qué hay de la ropa?".

Yo respondí: "Lo siento, pero me olvidé".

Ella dijo: "Hombres... Ahora te diré lo que pasó: Yo sabía que no tenías dinero, y yo tampoco. Oré al respecto, y después de orar sentí que debía ir a la lavandería y preguntar cuánto era la factura. Me dijeron que era de 1,65 dólares. Cuando iba de regreso al hotel, pasé al lado de un caballero en la calle, y él me dijo: 'Perdone, pero siento que debería darle esto', y me dio varias monedas. Regresé a la lavandería, conté las monedas con el lavandero y descubrí que era la cantidad exacta de la factura".

Nos regocijamos en esa pequeña evidencia de la presencia de Dios con nosotros. A la mañana siguiente, viajamos en tren a Londres y abordamos nuestro barco hacia Sudáfrica aquella noche.

Cuando me subí al barco, tenía un penique. Compré fruta por valor de un penique para los niños cuando nuestro barco hizo una parada en una de las Islas Canarias, y me quedé sin el último penique.

Por mi conocimiento de las leyes de inmigración de Sudáfrica, yo sabía que antes de que nos permitiesen llegar a tierra, debía mostrarle al inspector de inmigración que yo poseía al menos 125 dólares. Oramos sinceramente con respecto a ese asunto. Aproximadamente cuando llegamos al ecuador, mi alma se llenó de paz en cuanto a ese tema; ya no podía orar más. Cuando digo que sentí que ya estábamos "orados" con respecto a esa cuestión, los cristianos que obtienen respuestas de Dios sabrán lo que quiero decir con eso.

Unos ocho o diez días después, llegamos al puerto de Cape Town, y nuestro barco ancló. El inspector de inmigración subió a bordo, y los pasajeros se pusieron en fila en la oficina del comisario para presentar su dinero y recibir sus billetes para bajar a tierra. Mi esposa dijo: "¿Qué vas a hacer?".

Yo dije: "Voy a ponerme en la fila con el resto. Hemos obedecido a Dios hasta aquí; ahora es el turno del Señor. Si ellos nos hacen regresar, no podemos evitarlo".

Mientras estaba en la fila esperando que llegase mi turno, uno de los pasajeros me tocó en el hombro y me indicó que saliera de la fila y fuera a la barandilla del barco para hablar con él. Me hizo algunas preguntas y después sacó de su bolsillo una chequera de viajero y me dio dos cheques que sumaban cuarenta y dos libras esterlinas, o 200 dólares.

Yo regresé a la fila, presenté mis cheques al inspector y recibí nuestro billetes para bajar a tierra.

Johannesburgo está a mil millas hacia el interior de Cape Town. Durante el viaje en el tren, oramos de todo corazón con respecto al tema de una casa. Éramos misioneros por fe. No teníamos ni una junta misionera ni amigos que nos respaldasen para recibir dinero. Dependíamos de Dios. Muchas veces durante el viaje a Johannesburgo inclinamos nuestras cabezas y le recordamos a Dios que cuando llegásemos allí, necesitaríamos una casa. Dios nos bendijo y respondió maravillosamente nuestra oración.

A nuestra llegada a Johannesburgo, el hermano H. fue el primero en bajar del tren. Yo le seguí. Observé a una mujer bajita que hablaba deprisa, a quien reconocí al instante como estadounidense. Ella le preguntó al hermano H: "¿Son ustedes un grupo misionero americano?".

Él respondió: "Sí".

Ella dijo: "¿Cuántos hay en su familia?".

Él respondió: "Cuatro".

Ella dijo: "No, ustedes no son la familia. ¿Hay alguna otra?".

Él dijo: "Sí, el Sr. Lake".

Dirigiéndose a mí, ella preguntó: "¿Cuántos son en su familia?".

Yo respondí: "Mi esposa, yo mismo y sólo siete hijos".

Ella dijo: "Ah, ¡ustedes son la familia!".

Yo dije: "¿A qué se refiere?".

Tal como recuerdo, ella dijo: "El Señor me envió aquí a encontrarme con ustedes, y quiero darles una casa".

Yo respondí: "Somos misioneros por fe. Dependemos de Dios. No tengo dinero para pagar una renta".

Ella dijo: "No se preocupe por la renta. El Señor quiere que ustedes tengan una casa".

Aquella misma tarde, estábamos instalados en una casa de campo amueblada en las afueras, propiedad de nuestra querida benefactora, la Sra. O. L. Goodenough, de Johannesburgo, quien hasta el presente sigue siendo nuestra querida amiga y compañera de trabajo en el Señor. Ella ahora reside en Florida y nos ha visitado en el oeste.

Capítulo 4

Guía

Interpretación de lenguas

Sudáfrica, 1908

Oh alma, en el camino de la tierra a la gloria,
Rodeada por misterios, pruebas y temores,
Deja que la vida de tu Dios en tu vida resplandezca,
Porque Jesús te guiará, no tienes por qué temer.

Pues si confías en Mí, yo te dirigiré y te guiaré
Por las arenas y los desiertos de la vida,
todo el camino.
Nada te dañará; Yo sólo te enseñaré
A caminar rendida a Mí día tras día.

Porque la tierra es una escuela que te prepara
para la gloria,
Las lecciones aquí aprendidas siempre obedecerás.
Cuando llegue la eternidad, será sólo la mañana
De la vida conmigo siempre, como es la vida hoy.

Por tanto, no seas impaciente, pues las lecciones
que aprendes,
Cada día te darán alegría y gozo aquí;
Pero el cielo revelará a tu alma el tesoro,
Que la infinitud ofrece en las edades y los años.

Pues tu Dios es el Dios de la tierra y los cielos;
Y tu alma es el alma que Él murió para salvar;
Y Su sangre es suficiente, Su poder eterno;
Por tanto, descansa en Dios, hoy y siempre.

Capítulo 5

El secreto del poder

Interpretación de lenguas

Lucas 24:49 y Hechos 1:8
18 de junio, 1910
Sudáfrica

Él ha resucitado, ¡ha resucitado! Escuchen el clamor,
Que resuena en la tierra, el mar y el cielo.
Es el grito de victoria, triunfo proclamado,
Heraldos de Dios lo anuncian, el sepulcro
es desdeñado.

¡Griten las buenas nuevas! ¡Griten las buenas
nuevas! Eleven el clamor.
Cristo victorioso, Cristo victorioso no morirá,
Los barrotes de la muerte Él rompió, Satanás
ve que ha caído,
Mientras los ángeles gritan: "¡Él vivo está!".

Únanse al grito, los mortales, déjenlo resonar
Hasta que se oiga por las montañas, desde el centro
hasta los polos,
Que el Cristo de la tierra y la gloria la muerte
ha conquistado.
Cuenten la historia, Él es Vencedor, ¡Él es Vencedor!
Y también lo soy yo.

A causa de que mi rescate Él ha pagado,
Yo he aceptado su expiación, que Él ha cargado.
El Cordero de Dios lo sufrió todo por mí,

Llevó mis pecados, mi dolor, mi enfermedad
en la cruz.

Yo he resucitado, he resucitado de la tumba,
De mis pecados, mi dolor, mi enfermedad,
y las oleadas
De la vida resucitada y el poder santo
Emocionan mi ser con Su nueva vida cada hora.

Ahora el relámpago del Espíritu de Dios arde
en mi alma,
Llamas de Su compasión divina sobre mí caen.
El poder del Espíritu de Dios golpea el poder
del infierno.
Dios en el hombre, ¡Oh gloria! ¡Gloria! Cuenta
toda la historia.

Le he probado a Él. Le he probado a Él. Es verdad.
El dominio de Cristo permanece; es para ti.
Deja que las llamas de pasión santa recorran
tu alma.
Deja que el Cristo cuya muerte ha conquistado
tome el control.
Él te usará, Él te usará. En Sión aún espera
el salvador,
Cristo el Conquistador tan sólo espera de tu
alma la acción.

Capítulo 6

La visión

Interpretación de lenguas

10 de octubre, 1909

¡Jesús, el Rey! ¡Glorioso y eterno!
¡Poderoso y amoroso! ¡Poderoso y grandioso!
Quien por la oscuridad y las tinieblas infernales
Guió y llevó a Su hijo de la mano.

¡Traspasada es Tu alma! ¡Entristecido Tu Espíritu!
Sangrando Tus pies están. ¡Herida Tu mano está!
Sufriente Cristo, por el velo ahora rasgado,
Te veo llamando con tu levantada mano.

Oigo Tu voz cuando a mí ahora me hablas.
Veo Tus lágrimas en silencio caer.
Conozco la angustia de Tu entristecido espíritu
Siento que bebes esta amargura y esta hiel.

¿Cuál, Señor, la causa de Tu angustia de espíritu?
¿Por qué llega a Ti este sufrimiento ahora?
Crucificado una vez, ¿en la cruz fuiste elevado?
¿Acaso los crueles espinos tu frente no atravesaron?

¿No descansaron sobre Ti los pecados
    de la humanidad,
Causando que Tu alma en angustia se desgarrara?
¿No salió de Ti sudor y agua?
¿No han lamentado Tus santos por el crucificado?

¿Por qué entonces Te vuelvo a ver ahora,
Desgarrado y sangrante, angustiado y solitario?
¿Por qué el Espíritu de Cristo en mí,
Es de nuevo testigo de Tu tristeza?

¡Escuchen la respuesta! ¡Que todo el mundo la oiga!
¡Jesús está hablando! ¡Que todos oigan Su voz!
Es por los pecados de Mi pueblo;
Es porque ellos no atienden a Mi voz.

¿No os mordéis y devoráis unos a otros?
¿No matáis con vuestra lengua y vuestra pluma
A muchas de Mis preciosas hijas y madres,
Jóvenes y doncellas, muchachos y ancianos?

¿Has estado tú en el fuego en que ellos son probados?
¿Has sentido alguna vez la llama abrasadora?
¿Sabes cuánto tiempo y cómo han resistido,
Luchando y batallando hasta el final?

¿Por qué no extendiste tu manos para ayudarles?
¿Por qué no salió del alma compasión?
¿Acaso Mi Espíritu en tu interior no dijo: "Ayúdalos
a salir de su atadura, su oscuridad o su aflicción"?

¡Así soy yo crucificado! ¡Así Mi alma se angustió!
¡Esa es la causa de Mi tristeza y Mi aflicción!
¡Ese es el motivo de que Satanás haya derrotado
A muchos que antes eran tan blancos como nieve!

Oh, que tu corazón en anhelante compasión,
Ternura, mansedumbre y dulzura,
Comparta de Mi gracia al alma azotada
  por la pasión,
Poder para vivir a Mis pies como un niño.

Entonces la alegría y el brillo del cielo
Inundarán tu espíritu y harán que Yo me mueva
Entre los aplastados, heridos y quebrantados,
Llevándoles luz, alegría y amor.

Así, tu espíritu en sintonía con lo celestial,
Entusiastas gozos en el Espíritu conocerá.
Entonces el poder de Dios descansará sobre ti.
Entonces en los frutos del Espíritu crecerás.

Entonces la tierra conocerá la gloria del cielo.
Entonces el dominio sobre la muerte y el infierno
Reinarán en tu propia alma, se extenderán
como levadura,
Haciendo que ángeles y hombres mis alabanzas
expresen.

Entonces el Cristo sobre la tierra será victorioso.
Entonces el poder de Mi evangelio se conocerá.
Mi reino vendrá, ¡eterno y glorioso!
¡Unidos, los cielos y la tierra uno serán!

Capítulo 7

Cristianos notables en la historia

Discurso radiofónico: Aventuras en la religión #1

24 de junio, 1935

Este es el primero de una serie de discursos sobre el tema general de "Aventuras en la religión". Quiero recordarles por unos momentos a algunos de los antiguos místicos a quienes se les dieron destellos de lo invisible y que no ha sido el privilegio de los hombres normales y corrientes entenderlos.

El primero y más destacado fue S. Francisco de Asís, a quien el mundo ha concedido ser uno de los personajes más semejantes a Cristo que haya vivido jamás en el mundo. En un periodo posterior vivió S. Juan de la Cruz, quien por diez años pareció vivir apartado del mundo. Actualmente se ha descubierto que él fue uno de los hombres más prácticos.

Más adelante apareció en escena Madam Guyon, y casi todas las bibliotecas contienen uno de sus libros. La formación de su carácter fue tan increíble que ha causado mucha discusión en el mundo religioso de nuestra época.

Sin embargo, tan sólo tenemos que mirar los registros de nuestra propia tierra para ver a muchos otros. Hombres como Charles G. Finney, fundador de Oberlin College y su primer presidente. Él era abogado en activo, pero se apoderó de él una convicción de pecado tan mordaz que se retiró a los bosques a orar, y el Espíritu del Señor vino sobre él tan poderosamente, tan divinamente, y tomó tal posesión de él que él nos dice que se vio obligado a clamar a Dios para que lo detuviera, pues si no, moriría. Su maravilloso ministerio en el país es muy conocido, sus libros se encuentran frecuentemente en nuestras bibliotecas, y por eso no es necesario extendernos más sobre él.

En esta lista me gustaría mencionar a alguien que normalmente no es mencionado tan amorosamente como Finney. John Alexander Dowie era un muchacho escocés, educado en la Universidad de Australia. Además de eso, el Señor vino sobre él en su propia habitación una mañana mientras estaba sentado en su escritorio. Jesús estaba acompañado por su madre, la virgen María, y habló a Dowie con respecto a su ministerio. Jesús impuso sus manos sobre él, y su ministerio estuvo marcado por lo sobrenatural desde ese día en adelante.

Es tema de dominio público y uno de los hechos más sorprendentes que, en una ocasión, él invitó a todas las personas que habían sido sanadas bajo su ministerio a asistir a una reunión en el auditorio en Chicago. Diez mil personas asistieron a la reunión. En el momento álgido, todos se levantaron y dieron testimonio del hecho de que eran sanos. A quienes no pudieron asistir se les pidió que enviasen una tarjeta hablando de su sanidad. Se llenaron cinco cestas de 36 litros con aquellas tarjetas, que representaban los testimonios de cien mil personas. En el momento álgido, se lanzaron todas esas tarjetas sobre el escenario para enfatizar el alcance y el poder del ministerio de Dios y Su bendición a las personas.

Una vez más, quiero llamar su atención a otra vida maravillosa: la de Hudson Taylor, fundador de la Misión al Interior de la China [China Inland Mission]. El Señor vino a él no sólo en presencia personal, sino también en profecía con respecto al futuro. Fue Hudson Taylor quien profetizó el gran avivamiento en Gales diez años antes de que se produjese, diciendo casi la fecha en la que comenzaría y su poder y alcance. Todo eso sucedió tal como él lo había bosquejado, mientras estaba en el interior de China.

El avivamiento en Gales fue uno de los avivamientos más notales que se hayan producido jamás. Parece que lo hizo descender del cielo orando sólo una pequeña iglesia, cuyas luces nunca se apagaron durante siete años. Esto indica que una parte de esa congregación estaba continuamente en oración a Dios, para que Dios enviase avivamiento. Y, por tanto, llegó, el avivamiento más sorprendente y más intensamente poderoso. En pequeñas iglesias con capacidad quizás para quinientas personas, cincuenta personas cantaban las alabanzas de Dios en un rincón, treinta y cinco personas oraban arrodilladas, y otro grupo alababa a Dios y testificaba de Su poder. No se produjo mediante evangelismo, sino que fue el descenso en el Espíritu de Dios sobre las personas. La convicción de pecado era tan potente, que los hombres se arrodillaban en sus trabajos o dondequiera que estuviesen para entregarse a Dios. A veces, mientras había hombres bebiendo en los bares, clamaban a Dios y entregaban sus corazones a Él.

Comenzando con ese avivamiento, hubo un mover de Dios que se extendió por todo el mundo. En nuestra propia tierra, somos particularmente y maravillosamente bendecidos por un movimiento que comenzó el día de Año Nuevo del año 1900, que fue acompañado por el bautismo en el Espíritu Santo, y multitudes fueron bautizadas en el Espíritu Santo.

Después de ese avivamiento, surgió un grupo fenomenal de hombres y mujeres. Voy a mencionar a unos cuantos. La primera persona que voy a mencionar es Aimee Semple McPherson. Ella era una joven de una granja en Ontario, Canadá. Asistió a una reunión dirigida por un joven irlandés, Robert Semple, que predicaba bajo la unción del Espíritu Santo. Ella sintió convicción de pecado, abrió su corazón a Dios, le encontró, y fue bautizada en el Espíritu Santo. Finalmente, ambos se casaron y fueron a China como misioneros, donde él murió de fiebre. Ella quedó viuda, y poco después dio a luz a un bebé. Algunos amigos proporcionaron los fondos para que ella regresara a los Estados Unidos.

Más adelante, ella conoció a un agradable hombre de negocios y decidió establecerse y olvidar todo su ardiente llamado al evangelio. Eso intentó hacer ella. Les nacieron dos hijos. Y entonces, un día, Dios tuvo un encuentro con Aimee en una reunión en Berlin, Ontario, dirigida por el Reverendo Hall. La primera época del ministerio de ella, durante un período de unos quince años, sobrepasó todo lo que hayamos visto nunca en cualquier país desde los tiempos de los apóstoles (una multitud fue sanada bajo su ministerio).

Una vez más, quiero llamar su atención a otro hombre inusual, Raymond Ritchie, proveniente de Zion, Illinois. Su padre fue alcalde de Zion City en una ocasión. Este muchacho tenía tuberculosis. Los demás no parecían entender su dificultad. Él no tenía ambiciones; no podría trabajar como los demás muchachos; estaba en un estado de lasitud. Finalmente encontró a Dios. Hablamos de encontrar a Dios como la antigua iglesia metodista hablaba de ser salvo, de obtener religión, queriendo decir una única cosa. Cuando un hombre confiesa su pecado y Dios entra en su corazón y le da la paz y la conciencia de su salvación, ese hombre ha encontrado a Dios.

El joven Ritchie, después de su salvación, estaba tan absorto en la oración que la familia llegó a preocuparse. Su padre finalmente le dijo que tenía que ponerse a trabajar y ayudar a ganarse la vida, pero algunas mujeres que entendían al muchacho dijeron: "Yo tengo un cuarto en el que puedes quedarte". Otra dijo que le daría comida para mantenerlo vivo.

Llegó la Gran Guerra, y siguió la epidemia de gripe, y personas murieron a millares por todos los Estados Unidos. Él se conmovió y comenzó a orar por personas, y ellas fueron sanadas. El departamento médico observó aquello, y le enviaron a orar por soldados enfermos, y fueron sanados. Él ha continuado en el ministerio desde entonces hasta ahora, y ha dirigido algunas de las reuniones de sanidad más maravillosas que hayan tenido lugar jamás.

Otro hombre al que Dios bendijo y utilizó maravillosamente es el Dr. Price. Él pertenece a nuestra propia localidad. Price solía vivir en Spokane. Cuando el Dr. Price fue bautizado en el Espíritu, enseguida comenzó a manifestar un sorprendente ministerio de sanidad. Yo asistí a una de sus reuniones en Vancouver, BC. Él realizaba cuatro reuniones al día, y a cada una asistían quince mil personas, y había otros que rodeaban el bloque y no podían entrar. Todas las iglesias en Vancouver, creo yo, se unieron a él en aquella reunión. Fue la reunión más increíble que yo haya visto jamás. Las personas enfermas estaban en pie en grupos de cincuenta, y él las ungía con aceite, según el capítulo cinco de Santiago, y después oraba por ellas. El Espíritu Santo las llenaba de tal manera que caían al piso, y un gran número recibió sanidad.

Capítulo 8

Una nueva oleada de experiencia celestial

Discurso radiofónico: Aventuras en la religión #2

25 de junio, 1935

Ningún otro libro mejor ha sido dado nunca a la humanidad aparte de la Biblia. Las cosas increíbles registradas en ella que los hombres experimentaron y que los hombres realizaron en el nombre de Jesucristo, mediante la fe por el poder de Dios, permanecen para siempre como un incentivo para todo hombre que entre y trabaje donde ellos lo hicieron. Hay un lugar en Dios al que entra el alma, una relación con Dios que deja el sello del cielo en el corazón y que hace posible que el Espíritu de Dios, por medio de usted como agente de Él, la selle en los corazones de otros.

Henry Fosdick dice: "Hasta que la nueva teología pueda producir el carácter sin pecado de la vieja teología, sigue estando desafiada". Nosotros creemos eso. Creemos que la vieja salvación mediante la sangre de Jesucristo y el bautismo del Espíritu Santo hace posible una experiencia que ninguna otra experiencia religiosa en el mundo ha sido capaz de producir.

En el año 1900, llegó una nueva oleada de experiencia celestial a este país y al mundo. Comenzó en

Topeka, Kansas. Fue en una escuela bíblica dirigida por Charles Parham. La fundación de esa escuela fue algo increíble. Él fue dirigido por Dios a ir a Topeka, Kansas; obedeció el impulso del Espíritu y fue a esa ciudad. Parham buscó un edificio que fuese adecuado para una escuela bíblica, pero no encontró ninguno. Un día, un caballero le habló de una residencia en las afueras de la ciudad; tenía veintidós habitaciones o más, y estaba desocupada. El dueño vivía en California. Parham fue a ver el edificio, y mientras lo miraba, el Espíritu del Señor dijo: "Te daré este edificio para tu escuela bíblica".

Y él se dijo para sí: "Este es el lugar".

Mientras estaba allí, un caballero se acercó a él y dijo: "¿Qué le parece la casa?". Parham le dijo lo que el Señor le había dicho, y el hombre, que era el propietario de la casa, dijo: "Si quiere usted utilizar este edificio para una escuela bíblica para Dios, es suyo", y le entregó la llave sin más.

Al siguiente día, Parham fue a la estación del tren y se encontró con una joven a la que conocía. Ella le dijo que cuando estaba orando, el Espíritu de Dios le dijo que iba a haber allí una escuela bíblica, y que ella debería asistir. Ella fue la primera estudiante. Llegaron treinta y cinco estudiantes, todos ellos dirigidos de igual manera por el Espíritu de Dios.

Ese grupo comenzó a estudiar la Palabra de Dios para descubrir lo que realmente constituía el bautismo del Espíritu Santo. Después de un mes de estudio, se convencieron de que había una peculiaridad que acompañaba al bautismo del Espíritu Santo: hablar en lenguas.

Entonces ellos mismos buscaron el bautismo del Espíritu Santo. Parham no estaba presente en aquel entonces. La noche de Año Nuevo a las doce en punto del año 1900, una de las personas del grupo, una tal señora Osmand, misionera que había regresado, fue bautizada en el Espíritu Santo y comenzó a hablar en lenguas. En unos pocos días todo el grupo, con un par de excepciones, fue bautizado en el Espíritu. Cuando Parham regresó y descubrió que los estudiantes en su escuela habían sido bautizados en el Espíritu Santo, él mismo se puso delante del Señor, y Dios le bautizó también en el Espíritu Santo.

Quiero que tengan en mente esta historia, pues forma la base de la maravillosa experiencia que quiero relatar en mi próxima charla.

Capítulo 9

El maravilloso valor de la sanidad

Discurso radiofónico: Aventuras en la religión #3

26 de junio, 1935

Por un momento quiero llamar la atención a un desafío que ha sido difundido ampliamente por el ministerio de Henry Fosdick, como mencioné ayer. Fosdick ha dicho: "Hasta que la nueva teología (pentecostalismo) pueda producir el carácter sin pecado de la vieja teología, sigue estando desafiada".

Esa es nuestra postura. Les estamos recordando, amigos, que Dios es un Dios de milagros. Dios es un milagro. Jesucristo es un milagro. Su nacimiento fue un milagro. Su muerte fue un milagro. Su resurrección de la tumba fue un milagro. Su ascensión fue un milagro. Su recepción en el trono de Dios por parte del Padre eterno fue un gran milagro, porque Dios entonces le dio el don del Espíritu Santo y le hizo administrador del Espíritu para siempre.

Algunas cosas pueden enseñarse mejor por medio de relatar experiencias que de ningún otro modo. Yo podría intentar impresionarles con la riqueza y la maravilla del bautismo del Espíritu Santo, pero, queridos amigos, creo que relatar algunas experiencias lo dejará más claro en sus mentes que ninguna otra manera.

Recuerdo un incidente que tuvo lugar en un ferrocarril. El padre Neiswender sufrió un derrame cerebral que lo dejó paralítico. No había sido capaz de dormir durante semanas. Cuando le subieron a un tren para llevarlo a Spokane, el movimiento del tren le alivió temporalmente, y se quedó dormido y tuvo un sueño. En su sueño, un ángel se acercó a él y dijo: "Cuando llegues a Spokane pregunta por un hombre llamado Lake. Él orará por ti, y Dios te sanará".

Él fue dirigido donde nosotros estábamos, y cuando oramos por él, inmediatamente comenzó a utilizar su brazo y su costado paralizados, pero no fue liberado por completo. La tercera vez que oré por él, el Señor me mostró que había un coágulo de sangre en la espina dorsal tan grande como una judía. Yo oré hasta que el coágulo desapareció. Nadie pudo explicar un incidente como ese mediante ninguna ley natural. Por tanto, debemos clasificarlo en la línea de milagros *de nuestra época*, y no de hace mil años.

Otro incidente de este tipo: Una familia con el nombre de Bashor tenía un estupendo muchacho que no estaba satisfecho en su casa y se fue. Acudió a una granja donde no le conocían, dio otro nombre, y trabajó un año para el granjero. Mientras tanto, la familia, con la ayuda de la policía, buscó al muchacho por todas partes, pero no pudieron encontrarlo. Un día, la madre acudió a mí con su corazón partido y me contó la historia. Nos pusimos de rodillas y oramos, y pedimos a Dios que hiciera que ese muchacho se pusiera en contacto con sus padres. Dos días después, ella recibió una carta del muchacho. Le decía que la noche en que nosotros habíamos orado, él se fue a la cama y tuvo una visión inusual. Jesús se le apareció y habló con él, y le dijo: "Te perdono tus pecados, pero quiero que escribas a tu madre y regreses a casa con tu familia".

El muchacho fue muy conmovido, se levantó y le contó el incidente al granjero, y el resultado fue que el granjero reunió a su equipo y llevo al muchacho a su casa. El muchacho ahora está casado y tiene una hermosa familia, y sigue viviendo en Spokane. La parte de ese incidente que podría interesarles es esta: Yo estaba predicando en Mica, Washington, donde relaté este incidente. Una joven en la audiencia escuchó la historia, y después de la reunión me dijo: "Me gustaría conocer a ese joven". Así fue, y ahora él es su esposo.

Queridos amigos, estas son algunas de las cosas que nos muestran que hay una obra del Espíritu de Dios que es diferente a lo que nosotros normalmente estamos acostumbrados, y esas son las cosas que hacen que la religión sea real para los cristianos del Nuevo Testamento. Otras personas en las Escrituras fueron guiadas por sueños. José fue guiado por sueños. Algunos fueron guiados por una voz del cielo.

Ahora estamos afirmando y llamando su atención a que hubo una experiencia que el Señor mismo proporcionó y que hizo posible esa intimidad; es decir, el bautismo del Espíritu Santo. Me gustaría poder decir eso con tal énfasis que llegase hasta los rincones más profundos de su espíritu.

Un incidente más: En los bosques de Kellogg, Idaho, vivía una familia con el nombre de Hunt. Yo visité su hogar hace poco tiempo. El anciano padre estaba desahuciado, y el hijo estaba muy ansioso por él. El padre seguía diciendo: "Hijo, yo no debiera morir". El hijo había estado orando mucho por ese asunto. Un día, el hijo estaba en la carretera de una explotación forestal, y un hombre apareció a poca distancia de él. Y a medida que el caballero se acercaba, se dirigió al Sr. Hunt diciendo: "Soy el Sr. Lake; tengo cuartos de sanidad en Spokane. Si usted lleva a su padre allí, el Señor le sanará". Él quedó tan impresionado que llevó a su padre para que yo orase por él. El Señor le sanó gloriosamente, y él vivió muchos más años.

El valor del ministerio de sanidad no está en el mero hecho de que las personas sean sanadas. El valor de la sanidad está en mayor parte en el hecho de que se convierte en una demostración del poder vivo, interior y vital de Dios, el cual debería morar en cada vida y hacernos hombres nuevos y poderosos en las manos de Dios.

Capítulo 10

Artillería del cielo

Discurso radiofónico: Aventuras en la religión #4

27 de junio, 1935

Cuando el ejército alemán comenzó su marcha sobre Bélgica y Francia con un ejército de tres millones de hombres, llegaron a las fronteras sólo para descubrir que se enfrentaban a una oposición tan grande que durante diez días completos se vieron obligados a quedarse allí hasta que pudieran llevar a su artillería pesada. Hombres de estado de Alemania declaran que ese retraso de diez días dio como resultado que perdiesen la guerra. Francia y Bélgica se prepararon mientras tanto para repeler el ataque.

Jesucristo, el Hijo de Dios, les dijo a Sus discípulos: "*He aquí, yo os envío como a ovejas en medio de lobos*" (Mateo 10:16), pero Él no los envió sin estar preparados. Dios les comisionó y les capacitó, porque eso es lo que constituye el bautismo del Espíritu Santo. Jesucristo dio a Sus discípulos un gran programa antes de enviarlos. Les dijo que no sólo tenían que predicar el evangelio a todo el mundo, sino que también habían de demostrar su poder.

Id por todo el mundo y predicad el evangelio a toda criatura... Y estas señales seguirán a los

> *que creen: En mi nombre echarán fuera demonios; hablarán nuevas lenguas; tomarán en las manos serpientes, y si bebieren cosa mortífera, no les hará daño; sobre los enfermos pondrán sus manos, y sanarán.* (Marcos 16:15, 17–18)

Esas señales seguirán a los que *creen*: quienes han aceptado su trabajo.

Queridos amigos, hombres que iban a poner en práctica un programa como ese necesitaban artillería pesada del cielo. Eso es lo que Jesús les dio desde el cielo. Por tanto, Él dijo que no debían salir enseguida sin estar preparados. En cambio, Él dijo:

> *Pero quedaos vosotros en la ciudad de Jerusalén, hasta que seáis investidos de poder desde lo alto.* (Lucas 24:49)

Esa investidura de lo alto es el equipamiento de cada hijo de Dios que sigue el patrón bíblico. Estamos intentando dejar grabado en las mentes de los hombres que una de las mayores aventuras en la religión que este mundo haya descubierto jamás es cuando los hombres se atreven a traspasar las fronteras usuales y recibir de Su mano el bautismo del Espíritu Santo, el cual los equipa con poder de Dios para llevar bendición a las vidas de otros.

Durante un momento, quiero que entiendan este hecho: lo primero que Jesús dijo que se manifestaría en la vida del cristiano era: "*En mi nombre echarán fuera demonios*". Fue lo primero en la experiencia cristiana del ejercicio del poder cristiano que Jesús dijo que seguiría en la vida del cristiano. Ellos tendrían poder para echar fuera demonios.

Jesús dio en primer lugar ese poder a los doce, después lo dio a los setenta, y después lo dio a la iglesia en general el día de Pentecostés, cuando el bautismo del Espíritu Santo descendió sobre los ciento veinte reunidos en Jerusalén. Jesús les dio la artillería pesada del cielo: el bautismo del Espíritu Santo.

En nuestra época, en los últimos treinta años, hemos visto tal manifestación del Dios del cielo como ningún otro siglo en la historia ha visto jamás, con la excepción de los cuatro primeros siglos de la era cristiana. Comenzando en el año 1900, el Espíritu de Dios empezó a ser derramado con poder sobre el mundo, de modo que cada país del mundo ha recibido este increíble poder de Dios. Hombres que eran comerciantes normales y corrientes, hombres que eran eruditos y maestros, alumnos, y hombres de todo tipo encontraron este equipamiento del cielo por la gracia de Dios, y pasaron a una gran vida y ministerio para Dios. Esa preparación, amigos, no es sólo para los predicadores, sino para todas las personas. Jesús dijo: "*Y estas señales seguirán a los que* ***creen***".

Amigos, hay una aventura para sus almas, la aventura más increíble del mundo. Es necesaria un alma valiente para pasar a la batalla de Dios y recibir el equipamiento que Él proporciona. Ese no es lugar para los cobardes. Un espíritu cobarde, un espíritu que siempre se esconde, que siempre se disculpa por su fe, nunca entrará. Esa es la puerta de Dios. Es la puerta a Su Espíritu. Es la puerta a una vida de eficacia para todo aquel que quiera servir a Dios correctamente. Amigos, necesitan ese equipamiento para hacer frente a las demandas de esta época.

La santificación es la limpieza de la naturaleza del hombre por el poder interior del Espíritu de Cristo, con el propósito de la transformación de la mente y la naturaleza del hombre en la mente y la naturaleza de Cristo.

Me gusta la definición de santificación de John Wesley: "Poseer la mente de Cristo, y toda la mente de Cristo".

Capítulo 11

Los milagros son para la actualidad

Discurso radiofónico: Aventuras en la religión #5

28 de junio, 1935

Quiero hablarles sobre el tema de los milagros en esta noche. Desde el año 400 hasta ahora, en general, la iglesia ha adoptado la actitud de que los tiempos de los milagros han pasado, sin tener ninguna evidencia de la Escritura. Han enseñado que los milagros eran para demostrar la divinidad de Jesús y que, por tanto, habiendo quedado demostrada la divinidad de Jesús, ya no había necesidad de milagros.

Tuvimos un incidente local que demuestra el efecto de esa enseñanza. Creo que mi convicción sobre el tema es que ha hecho más daño a la fe cristiana que cualquier otra enseñanza que se haya promulgado. Hay un caballero que trabaja en el hotel Davenport en Spokane, O. A. Risdon, que es uno de los ingenieros allí. Él tenía un hijo con deformidad en la cabeza. La parte superior de su cabeza se elevaba como si fuera un tejado, y la frente y la parte trasera de la cabeza tenían una forma parecida, dando a la cabeza el aspecto del casco de un yate visto desde abajo. Nació con lo que los médicos denominaron "la cabeza cerrada". El muchacho siempre babeaba. La presión en el cerebro causaba que el lado derecho de su cuerpo estuviera paralizado, y el muchacho era sordo. Tenía cinco años de edad en aquel entonces.

Los médicos dijeron que ellos no podían hacer nada. Entonces, por desesperación, él habló con su pastor, pero el pastor le dijo que los tiempos de los milagros habían pasado, que el Señor no sanaba en la actualidad, y que los milagros se habían dado para demostrar la divinidad de Jesús. El padre respondió: "Si Jesús sanase a mi hijo, yo me convencería hoy de que Él es divino. Si Él es divino, podría quitar de nuestra casa esta maldición".

Finalmente, acudió a nosotros en busca de ayuda. Comenzamos a ministrar al niño, y unos días después observamos que la parálisis comenzó a desaparecer. En lugar de caminar sobre uno de los lados de sus tobillos, el niño comenzó a caminar sobre los pies, y eso indicaba que la presión sobre el cerebro era menor. Después de siete semanas, el niño estaba totalmente bien. Los huesos de la cabeza se suavizaron y se fueron normalizando. La parálisis desapareció, y el niño comenzó a hablar. Tres meses después estaba en la escuela pública. En la actualidad es un joven casado.

Queridos amigos, si hubiéramos seguido creyendo que los tiempos de los milagros habían pasado, ese muchacho hoy estaría en un manicomio; pero creímos que Jesucristo es el mismo ayer, hoy y por los siglos, y el muchacho fue sanado. Es una alegría creer *las palabras de Jesús.* Yo he seguido esta regla en mi estudio de las Escrituras. Si hay alguna pregunta sobre algún pasaje de la Escritura, la zanjo con las palabras de Jesús. Considero que todos los pasajes son un tribunal común del evangelio, pero las palabras de Jesús son el Tribunal Supremo del evangelio. Cuando quiero una decisión de Tribunal Supremo, apelo a las palabras de Jesús.

Usted puede leer todas las palabras de Jesús en dos horas o menos en un Nuevo Testamento con Sus palabras en color rojo. Adquiera el hábito de leer las palabras de Jesús sobre cualquier tema que le inquiete, y haga una compilación de lo que Él dice. Él debiera ser suficiente autoridad sobre cualquier cuestión, porque el Padre celestial llamó la atención al hecho de que Él es el Hijo de Dios y que nosotros debemos oírle. Dios declaró:

> *Este es mi Hijo amado, en quien tengo complacencia; a él oíd.* (Mateo 17:5)

Capítulo 12

El Desafiador de las tinieblas

Discurso radiofónico: Aventuras en la religión #6

2 de julio, 1935

Jesucristo entró en escena como el Desafiador. Casi hemos llegado a creer en nuestra época que Él fue un sentimentalista y un tipo fácil; sin embargo, Él era Rey; Él era el Príncipe de Dios. ¡Él era la Gloria del cielo! ¡Él era el representante del Padre eterno! Él tenía una misión. Él declaró al Padre. Él caminó entre las religiones de la tierra como el Desafiador.

Jesús dijo que había pecado real, que había enfermedad real, que había muerte real. Él no eludió el asunto, sino que lo afrontó de cara, y dijo: "Yo soy mayor que todo ello. Yo soy el Príncipe de vida". Él destruyó el pecado y lo alejó de las almas de los hombres. Él maldijo la enfermedad y la disolvió del sistema de ellos. Él resucitó a los muertos y les dio vida. Él desafió al diablo, que era el autor de la muerte, y que quería destruirle a Él si podía. Él fue a las regiones de la muerte, las conquistó y salió triunfante, y por eso fue necesario que el Señor tuviera un nuevo vocabulario. Él dijo después de salir del sepulcro:

Toda potestad me es dada en el cielo y en la tierra. Por tanto, id, y haced discípulos a todas las naciones, bautizándolos en el nombre del Padre, y del Hijo, y del Espíritu Santo.

(Mateo 28:18–19)

Pecado, enfermedad y muerte, el triunvirato de las tinieblas, al cual se enfrentó Jesús y venció, eran las fuerzas originales del mal en el mundo, la manifestación del reino de las tinieblas. Nunca habrá un cielo, y nunca podría haber uno, donde existan esas cosas. Su destrucción es necesaria. Jesús entendió eso, y Él vino para hacer lo que el hombre no podía hacer por sí mismo. Esa es una de las razones por las que los hombres no pueden salvarse a sí mismos. Todas las buenas obras que un hombre pueda realizar desde hoy hasta el día de su muerte no le salvarán. El pecado pertenece al corazón, está en la naturaleza. Jesús vino para reconstruir la naturaleza del hombre y darle, en lugar de su propia naturaleza malvada, la naturaleza de Dios. El pecado ha hecho que la naturaleza del hombre sea vil. Cristo vino para darle liberación de esa naturaleza y darle una nueva naturaleza: la naturaleza divina.

Por medio del pecado, la muerte entró en este mundo (véase Romanos 5:12). La muerte no es un sirviente de Dios, no es un hijo de Dios, y tampoco es un producto de Dios. El pecado es el enemigo de Dios. El Nuevo Testamento declara: *"Y el postrer **enemigo*** *que será destruido es la muerte"* (1 Corintios 15:26); no el último sirviente como amigo, sino el último enemigo. La muerte está condenada a la destrucción por el Señor Jesucristo. El pecado y la enfermedad son muerte incipiente.

Ese es el motivo de que no hablemos de las cosas del Señor y Su salvación en tonos moderados. Las gritamos a la humanidad. El espíritu de un verdadero hijo de Dios desafía a las tinieblas, desafía al pecado, desafía a la enfermedad. El Señor Jesús vino para destruir la enfermedad y borrarla de las vidas de los hombres, para hacer posible el cielo de Dios en sus corazones y sus vidas ahora. No puede haber cielo donde se encuentren enfermedad y males. El pecado, la enfermedad y la muerte deben ser borrados. Ese es el motivo, queridos amigos, de que el cristianismo sea siempre un desafiador. El cristianismo es un asunto de fortaleza. La verdadera religión es una fuente de poder; es la dinamita de Dios. El Espíritu Santo da la gracia y la fortaleza vencedoras y necesarias para destruir el pecado, para destruir la enfermedad y para vencer la muerte.

Capítulo 13

El programa de liberación de Jesús

Discurso radiofónico: Aventuras en la religión #7

3 de julio, 1935

Me agrada saludarles hoy, queridos amigos, con un relato real de una de las maravillosas aventuras en Dios. Jesús dijo: *"Sanad enfermos, limpiad leprosos, resucitad muertos, echad fuera demonios; de gracia recibisteis, dad de gracia"* (Mateo 10:8).

Jesús estaba haciendo vigente Su programa de liberación por medio de la iglesia. El cristianismo no ha de ser limitado en su práctica; no ha de ser un mendigo; ha de ser un dador. Tiene algo del cielo que dar que el mundo no tiene; tiene algo que dar que traerá liberación al mundo.

El hombre valiente es el que decide llevar a cabo este programa de Jesús. Me temo que un cristiano que nunca tiene suficiente fe en Dios para emprender este programa pertenece al tipo de los cobardes. Tengo temor a que el cristianismo moderno siga siendo acusado ante el tribunal de Dios de cobardía debido a su temor a emprender el programa de Jesús.

Amigos, por eso alentamos a los hombres sobre la necesidad del bautismo del Espíritu Santo. Es el único que lleva el equipamiento especial a los corazones de los hombres y los sitúa a la altura de este programa y de la posibilidad de llevarlo a cabo.

Quiero hablarles hoy sobre un alma valiente y, según mi juicio, un alma muy extraordinaria. Me refiero a un caballero que vive en esta ciudad, un predicador del evangelio desde los tiempos de su juventud, el reverendo C. W. Westwood. Tiene su hogar en Nora Avenue.

Hace unos años, en uno de los grandes hospitales de la ciudad nació una pequeña niña de padres sanos, el Sr. y la Sra. Young. Durante muchos años, el Sr. Young tuvo un puesto en el mercado Westlake. La Sra. Young había sido enfermera durante muchos años, y también es muy conocida. Cuando nació el bebé, pesó casi tres kilos; sin embargo, debido a alguna extraña dificultad, la niña no podía asimilar la comida.

Cuando tenía nueve meses de edad, pesaba sólo dos kilos. La niña se parecía más a un pequeño caimán seco que a un ser humano. Finalmente pasó a un estado de muerte y permaneció en un estado moribundo. Mientras tanto, nos llamaron para que ministrásemos a la niña.

Se le asignó el caso al Sr. Westwood. Un día, cuando él fue al hospital, como era normal para ministrar a la niña, le explicaron que la niña no estaba allí. Había muerto aquella mañana y estaba en la morgue. Él preguntó si podía ver a la niña, así que fue a la morgue y tomó a la niña. Se sentó en una silla con el bebé sobre sus rodillas; abrió su corazón a Dios y liberó el espíritu de fe en su corazón por causa de aquella pequeña. Un rato después, y digo esto con toda la reverencia delante de Dios porque espero abordar este asunto cuando esté delante del gran trono de juicio, la niña revivió. Westwood envió a buscar a los padres; ellos se llevaron a la niña y la pusieron en manos de una anciana llamada Sra. Mason, quien cuidó de ella durante seis semanas. Al final de ese periodo, ella estaba tan bien como cualquier otro niño. Su nombre era Agnes Young.

Hace un año aproximadamente, recibí una llamada telefónica de Agnes Young, preguntándome si yo oficiaría una ceremonia de matrimonio para ella y su prometido. Esta joven pareja vive ahora en Eugene, Oregon.

Por tanto, quiero dejar este testimonio: que Dios es tan bueno como Su Palabra, y que la fe en el Dios todopoderoso hace que se produzcan actualmente las mismas cosas que siempre.

Capítulo 14

La milagrosa esfera del Espíritu

Discurso radiofónico: Aventuras en la religión #8

5 de julio, 1935

El clímax de todas las aventuras fue la aventura de Jesús, al liberar a los hombres de pecado, de enfermedad y de la muerte. No se puede medir al Hombre de Galilea con ningún tipo de patrón que provenga del razonamiento humano. Jesús está fuera de la esfera de la razón. En primer lugar, Su historia fue escrita por los profetas siglos antes de que Él naciese. Los hombres pueden escribir una mejor historia de Jesús sacándola del Antiguo Testamento que del Nuevo Testamento. En el Nuevo Testamento sencillamente tenemos un pequeño fragmento sobre Su encarnación y Su nacimiento, después treinta años de silencio, a excepción de un pequeño destello de Él cuando tenía doce años de edad.

Todos los libros que se han escrito sobre Jesús han sido escritos casi en su totalidad acerca de Sus tres años de ministerio público, que comenzaron con Su bautismo en el Jordán y concluyeron con Su resurrección. Ahora, los hombres intentan escribir sobre Su preexistencia. Aquí y allá se capta una vislumbre de Su ministerio, sentado a la diestra de la Majestad en las alturas.

Quiero que vean otro hecho: cada profecía que se escribió antes de Su tiempo estaba en la esfera de los milagros. Su encarnación fue un verdadero milagro. Él no nació bajo las leyes naturales de la generación; fue concebido del Espíritu Santo. Él fue una verdadera encarnación: Dios uniéndose a Sí mismo con la humanidad. Las escenas que rodearon Su nacimiento—las visitaciones angélicas, la llegada de los sabios—fueron todas ellas milagros. La advertencia del ángel a José de que huyera con el niño a Egipto fue milagrosa. El descenso del Espíritu en Su bautismo fue un milagro. De ese ese día hasta el monte de los Olivos fue un periodo de milagros. Su vida entre los hombres fue un milagro. El nuevo tipo de vida que Él reveló al mundo fue un milagro.

La milagrosa mente de Cristo

Los procesos mentales de Jesús eran milagrosos. Nuestras bibliotecas están llenas de libros escritos por grandes pensadores como Thomas Edison y otros que eran incesantes pensadores. Con Jesús hay algo diferente. Él hablaba del Espíritu que dominaba Sus facultades espirituales. El Espíritu de Cristo gobernaba Su intelecto. Joyas de verdad divina salían de Sus labios como miel que destila del panal. El Sermón del Monte y grandes partes en Lucas y Juan están tan intactas como cuando salieron de los labios de Jesús. Los escritos de los hombres se vuelven viejos y desfasados. La verdad de Dios es siempre fresca. Sí, las palabras y la vida de Jesús y Su contacto con los hombres fueron milagrosos; y siguen siendo milagrosos.

Su muerte en la cruz, Sus tres días en el sepulcro, Su dramática y sorprendente resurrección: todos fueron milagros. Su presencia entre los discípulos en diferentes ocasiones y, finalmente, Su ascensión en presencia de quinientos testigos fueron milagros. No pertenecen a la esfera de la razón; pertenecen a la esfera de lo milagroso. Jesús estaba en la esfera del Espíritu, en la esfera de la fe, en la esfera en la que Dios actúa, en la esfera donde vive el verdadero hijo de Dios. Los cristianos han sido trasladados de la esfera del pensamiento y el razonamiento humano al reino del Hijo de Su amor, a la esfera del Espíritu.

Sería poco caritativo si criticásemos a un hombre de razón que no sabe nada sobre la esfera espiritual. El cristianismo no es el producto del razonamiento humano. El cristianismo es una intervención divina. Los cristianos son aquellos que han nacido de lo alto; han sido recreados. Esta vida de Dios que llega a su naturaleza espiritual domina la razón, de modo que tienen "*la mente de Cristo*" (1 Corintios 2:16) para pensar pensamientos de Dios y vivir en la esfera milagrosa de Dios.

Amigos, cuando un cristiano intenta vivir por la razón, se está apartando del país de Dios y entrando en tierra del enemigo. Pertenecemos a la esfera de lo milagroso o sobrenatural.

Cristo fue un milagro. Cada cristiano es un milagro. Cada respuesta a la oración es un milagro. Cada iluminación divina es un milagro. El poder del cristianismo en el mundo es un poder milagroso. Dios, ayúdanos a entender que el nuestro es un llamamiento elevado y santo.

Capítulo 15

Propósitos más profundos de Dios

Discurso radiofónico: Aventuras en la religion #9

9 de julio, 1935

Quiero hablarles con respecto a algunos de los propósitos de Dios. Entre ellos está el increíble propósito de Dios de bautizar a los hombres en el Espíritu Santo. Creo que incluso entre los cristianos más pensadores en nuestra época, se entiende poco del verdadero propósito de Dios en esta maravillosa experiencia.

Nos decimos los unos a los otros que el bautismo en el Espíritu Santo es Dios que llega al hombre, que es Dios que se manifiesta a Sí mismo en el hombre, y otras expresiones de ese tipo; pero no comunica a la mente nada como el gran propósito de Dios en Su venida a nuestro interior.

El bautismo del Espíritu Santo tiene entre sus maravillosos propósitos la morada de Dios en nosotros, el perfeccionamiento de Su vida en nosotros mediante Su Palabra en nuestro espíritu, mediante Su poder en nuestra vida. [Hablar en otras] lenguas es la manifestación peculiar de Dios que acompaña la venida de Dios Espíritu Santo a la vida de la persona. Esa fue la evidencia cuando el Espíritu de Dios descendió el día de Pentecostés en Jerusalén. La Escritura nos habla con estas maravillosas palabras:

> *Y de repente vino del cielo un estruendo como de un viento recio que soplaba, el cual llenó toda la casa donde estaban sentados; y se les aparecieron lenguas repartidas, como de fuego, asentándose sobre cada uno de ellos. Y fueron todos llenos del Espíritu Santo, y comenzaron a hablar en otras lenguas, según el Espíritu les daba que hablasen.* (Hechos 2:2–4)

¿Cuál es el verdadero propósito? ¿Qué está haciendo Dios? ¿Está dando al individuo ciertos poderes para demostrar ante el mundo y convencerlo? Yo no creo que esa sea la verdadera razón. Hay una razón más profunda. Dios toma posesión del espíritu interior del hombre. Desde el día en que Adán pecó, el espíritu del hombre fue hecho prisionero. Ese estado de encarcelamiento continúa hasta que Dios libera el espíritu del individuo en el bautismo del Espíritu Santo. El espíritu permanece adormecido, incapaz de expresarse a sí mismo a la humanidad, hasta que Dios libera el espíritu mediante el Espíritu Santo, y la voz del espíritu es restaurada.

Ustedes entienden que el hombre un ser trino—espíritu, alma y cuerpo—, y esos departamentos de vida humana son muy diferentes. Dios se manifiesta al espíritu del hombre, y la experiencia de la verdadera salvación es la llegada de Dios al espíritu del hombre, la fusión del espíritu del hombre y Dios.

En tiempos de antaño, los líderes de iglesias solían hablar del tema de la santificación, pero eran en cierto modo poco claros en su explicación de lo que era. La santificación es Dios tomando posesión de nuestras facultades mentales al igual que Él tomó posesión de nuestro espíritu cuando nos otorgó vida eterna. Nuestra mente es llevada a la armonía con Dios al igual que nuestro espíritu fue llevado a la armonía con Dios. Siguiendo el ejemplo de Jesús, dedicamos no sólo nuestro espíritu y alma (o mente) sino también nuestro cuerpo a Dios. Por eso dejamos atrás a doctores y medicinas.

Quiero hablarles acerca de hablar en lenguas relatando esta experiencia y recitando un poema que Dios me dio cuando yo era misionero en Sudáfrica y vivía allí. Hubo una horrible epidemia de fiebre africana, y en treinta días aproximadamente una cuarta parte de la población de algunas partes del país, tanto de raza blanca como negra, murió. Yo estaba ausente de mi hogar, en el campo con un grupo de misioneros, e hicimos todo lo que pudimos para que Dios los sanase y ayudamos a enterrar a los muertos.

Regresé a mi casa después de unas tres semanas de ausencia para descubrir que lo mismo estaba sucediendo allí. Yo estaba muy perplejo. Mi pianista ya no estaba; mi principal solista ya no estaba: la única hija de una madre anciana. Fui a su casa para consolarla y, sentado a su mesa, ella me recordó que tan sólo cuatro semanas antes yo estaba presente cuando el pianista y la solista practicaban música en aquella casa. Mi alma estaba muy triste. Mientras meditaba sentado, comencé a orar: "Dios mío, me gustaría saber qué tipo de recepción tiene un alma como esa cuando llega al otro lado". Realmente Dios habló a mi alma y dijo: "Toma tu pluma y te hablaré al respecto".

Lo primero que vino a mi mente fue el nombre del poema en lenguas. Entonces el Señor me dio la interpretación. Se titulaba "La recepción". Después llegó el primer verso en lenguas, y después recibí del Señor la interpretación, y luego los siguientes versos del mismo modo, y así sucesivamente. Mientras tanto, algo sucedió en mi propio espíritu. Sentí como si estuviera siendo elevado a la presencia de Dios, y podía mirar hacia abajo a las personas en la tierra, y quedó descrito en los siguientes versos:

La Recepción

¡Escucha! Son las horas matutinas en la Gloria.
Una sombra en medio de la neblina surge ahora,
Una tropa de ángeles acude en bienvenida.
Un "bienvenido a casa" resuena con gozosa alegría.

Está llegando un viajero de la tierra,
Una gran bienvenida resuena en los cielos.

Las trompetas de una multitud suenan ahora
Como bienvenida a la vida que nunca muere.

¿Quién es el vencedor a quien los ángeles reciben?
¿Qué grandes obras de valor se han realizado?
¿Qué significan esos gritos de triunfo?
¿Por qué se recibe a esa alma como poderosa?

Sólo es una mujer, frágil, ligera y tierna,
No lleva una marca especial de dignidad.
Tan sólo brilla en su rostro la luz de Cristo,
Tan sólo la túnica blanca de una santa lleva.

No es sino un alma recibida por la sangre de Jesús,
La suya es una vida de sacrificio y cuidado.
Sin embargo, el cielo entero resuena en bienvenida,
Y sobre su frente lleva una corona de vencedora.

¿Cómo es que obtiene en lugar de oscura esclavitud,
La gracia y la pureza del cielo?
Sólo por Él que entregó su vida como rescate,
Limpiando el alma de toda mancha y arruga.

¡Mira! Al ver su cara tan radiante,
Es la belleza de su Señor lo que ves.
Sólo la imagen de Su vida resplandece,
Ella es sólo el espejo de la vida de Él.

Mira con qué signos de gozo la llevan,
¡Cómo resuenan los cielos con alegre clamor!
¿Qué grito entonan mientras se elevan?
"¡Bienvenida! ¡Tres veces bienvenida en el nombre
de Jesús!"

Reposa en la mansión que el Señor preparó para ti.
Por las obras de amor hechas por ti,
Revestida de pensamientos y hechos que Él pintó
A un mundo perdido como sólo su Cristo.

Escucha qué hermosa resuena el arpa.
Con sus cuerdas por manos invisibles tocadas.
Nota la música de tu propia creación
Melodías celestiales en corazones donde el
pecado estaba.

Ve que la atmósfera cargada de amor está,
Y con brillo resplandece todo el paisaje.
Esta es la alegría y el gozo del cielo
Derramados ahora en radiantes rayos por almas
rescatadas.

Oh, que aquí en la tierra aprendamos la lección
De tener entronado a Cristo en nuestro corazón.
Moldea y prepara el alma para el cielo,
Haciéndonos semejantes a Él tanto allá como acá.

Realizando las sencillas y caseras obligaciones
Tal como nuestro Cristo en la tierra ha hecho,
Buscando sólo que la belleza de Cristo
En cada corazón llegue a florecer.

Mostrando a todos los hombres que la sangre
de Jesús
Limpia los corazones de pecado aquí;
Y que la vida de Cristo en nuestro interior
Vuelve el alma tan pura como la nieve.

Cuando lleguemos al oscuro y frío río;
Ni noche, ni oscuridad, ni muerte hay allí.
Tan sólo un gran gozo porque al fin el Dador
Nos otorga Su vida para compartir.

Capítulo 16

La presencia tangible del Espíritu Santo

Discurso radiofónico: Aventuras en la religión #10

10 de julio, 1935

Hoy, quiero hablarles de uno de los incidentes notables y destacados de la Palabra de Dios. Lo encontrarán en el capítulo 19 del libro de Hechos. Dice:

> *Y hacía Dios milagros extraordinarios por mano de Pablo, de tal manera que aun se llevaban a los enfermos los paños o delantales de su cuerpo, y las enfermedades se iban de ellos, y los espíritus malos salían.* (Hechos 19:11–12)

Las personas llevaban sus paños o delantales al apóstol Pablo para poder tocar su persona. Después los llevaban a los enfermos y los ponían sobre ellos; entonces los demonios salían de ellos y los enfermos eran sanados.

Un examen de este incidente nos revela uno de los hechos más maravillosos que conozco. En primer lugar, que el Espíritu de Dios es tangible. Pensamos del aire como tangible, de la electricidad como tangible, y podemos registrar los efectos que tienen. Y quiero decirles, amigos, que el Espíritu de Dios es igualmente tangible y puede manejarse y distribuirse, puede quedar en un paño o delantal y ser enviado como un bendición a aquel que lo necesita.

Busque este pasaje de la Escritura, léalo usted mismo, y asegure del cielo la bendición que contiene. Recuerde que cuando está en una lucha y le asaltan dudas y temores, Dios no está lejos en los cielos; Su Espíritu está aquí para bendecir, aquí para actuar en su vida y que sea una bendición.

Junto con este pensamiento, quiero presentar este testimonio de la Sra. Constance Hoag, que es decano de mujeres en la universidad estatal en Pullman, Washington. Ella estaba visitando a su hijo en Fairfield, Washington. Salieron a dar un paseo en auto, y cuando ella se subió al estribo, su hijo, pensando que ella ya estaba dentro del auto, lo puso en marcha. Ella se cayó y se rompió la rótula, y el hueso atravesó su carne. La llevaron a la casa, y entonces nos hicieron una llamada a larga distancia y nos pidieron que orásemos y le enviásemos un paño lo antes posible por mensajero. Nosotros enviamos el paño; quince después de haberlo recibido, el hueso había vuelto a su lugar. En cuarenta y cinco minutos, la rodilla estaba completamente bien.

Sin embargo, sus amigos comenzaron a desafiar esta sanidad, y ella se encontró en medio de un extraño debate. Después, se produjo casi el mismo accidente. Ella fue lanzada al pavimento y se rompió la otra rótula, que atravesó su carne por dos partes. Una vez más, oramos con un paño y se lo enviamos, y otra vez actuó el poder de Dios, pero esta vez no tan rápidamente como la primera. La segunda vez ella dijo que el dolor se fue en media hora; en una hora, el hueso había regresado a su lugar; y en una hora y media la rodilla estaba curada y ella estaba bien. Amigos, el Espíritu de Dios es tan tangible en la actualidad como lo era en tiempos del apóstol Pablo.

Capítulo 17

El espíritu de dominio y la iglesia

Discurso radiofónico: Aventuras en la religión #11

11 de julio, 1935

Esta mañana yo estaba fuera, en el extremo oriental de la ciudad. Me encontré con algo extraño. Un hombre iba por la calle con un bulto sobre su espalda. El bulto estaba en un cuero, que estaba sólo curado a medias. En la bolsa tenía la pata de una vaca. A medida que me acercaba a él, él dijo: "Perdón, señor, pero esta es mi cruz cristiana".

Yo dije: "Perdón, pero a mí me parece precisamente lo contrario". Él siguió calle abajo, y hasta donde yo pude oírle él iba riñéndome.

Entonces, fui a la casa de una mujer que llevaba mucho tiempo enferma. Ella estaba en cama y gradualmente empeoraba, y todo el tiempo ella estaba aceptando esa enfermedad como de parte de Dios. Por tanto, le hablé de eso y dije: "Querida señora, si usted conociera la Palabra de Dios, nunca aceptaría algo como esto como la voluntad de Dios, porque Jesús declaró enfáticamente que la enfermedad no era la voluntad de Dios sino la voluntad del diablo". Ella había aceptado esa desagradable situación como la voluntad de Dios, y llevaba ocho meses en cama. La idea de que la enfermedad viene de Dios es tan ofensiva para Él como el hombre con su "cruz cristiana". Queridos amigos, quiero que sepan que la Palabra de Dios es el fundamento sobre el cual ha de edificarse nuestra fe.

> *Para esto apareció el Hijo de Dios, para deshacer las obras del diablo.* (1 Juan 3:8)

> *Cómo Dios ungió con el Espíritu Santo y con poder a Jesús de Nazaret, y cómo éste anduvo haciendo bienes y sanando a todos los oprimidos por el diablo, porque Dios estaba con él.*
> (Hechos 10:38)

No encontramos "si es tu voluntad" en la enseñanza de Jesús. Él nunca sugirió en palabras ni en obras que el pecado, la enfermedad y la muerte fuesen la voluntad de Dios. El leproso que acudió a Jesús para ser sanado en el capítulo ocho de Mateo sí dijo: "*Señor, si quieres puedes limpiarme*". Yo supongo que también él estaba aceptando la sucia lepra como la voluntad de Dios. Jesús al instante dijo: "*Quiero; sé limpio*" (Mateo 8:2–3). La respuesta de Jesús al leproso es la respuesta de Jesús para usted, para todo hombre enfermo. "Si es tu voluntad" nunca se sugirió en ninguna de las enseñanzas de Jesús con respecto a la enfermedad. Amigo, Jesús ha declarado Su voluntad de la manera más enfática. Su voluntad es siempre sanar, si usted acude a Él.

Cada persona que estudia a la iglesia primitiva discierne al instante una distinción entre el alma del cristiano primitivo y el alma del cristiano moderno. Yace en el Espíritu del dominio de Cristo.

El Espíritu Santo entraba en el alma del cristiano primitivo para elevar su conciencia en Cristo para hacerle más grande. Él golpeada el pecado, y desaparecía; echaba fuera diablos (demonios); un destello divino de su naturaleza semejante a Cristo echaba fuera el demonio. Él imponía sus manos sobre los enfermos, y el poderoso Espíritu de Jesucristo tocaba el cuerpo y la enfermedad era eliminada. Se le ordenó que reprendiese al diablo, y el diablo huiría de él. Él era un soberano reinante, no encogido de temor sino vencedor por la fe.

Cuando sea restaurado a la iglesia de Cristo, es este espíritu de *dominio* el que llevará de nuevo el triunfo glorioso a la iglesia de Dios por todo el mundo y la elevará al lugar donde ella se convertirá en el instrumento divino de Dios en lugar de ser el sirviente obediente del mundo, la carne y el diablo. Ministrará el poder de Cristo en salvación, en sanidad de los enfermos, en echar fuera demonios, y en llevar a cabo el programa completo del ministerio de Jesús tal como hizo la iglesia primitiva.

Capítulo 18

Seguir el sendero de Jesús

Discurso radiofónico: Aventuras en la religión #12

22 de agosto, 1935

Quiero contarles la historia de una familia inusual. Voy a titular esta historia "Seguir el sendero de Jesús". Hace varios años, sentí como si quisiera hacer algo fuera de lo ordinario para llamar la atención al tema de la sanidad divina. Por tanto, fui a los periódicos y registré quinientos dólares. Entonces anuncie que si alguien estaba enfermo, acudía a las salas de sanidad y recibía ministerio durante treinta días, podría obtener los quinientos dólares si, al final de ese periodo, no se sentía mucho mejor o era sano.

En Monroe, Washington, había un hombre llamado Paul Gering, que se había metido en el espiritualismo. Ese amigo había sido un hombre abierto y espléndido y un hombre de negocios muy trabajador. Después de comenzar a jugar en el espiritualismo, nadie podía vivir con él; se parecía más a un león rugiente que a un ser humano. Fue por todos los Estados Unidos buscando liberación y acudiendo a todo tipo de personas que orasen por los enfermos.

Él leyó mi anunció y se interesó. Me envió un telegrama, pidiéndome que fuese a Monroe, organizase una reunión y, desde luego, orase por él. Nos conoció a la Sra. Lake y a mí en nuestro hotel y nos llevó hasta su casa en las afueras de la ciudad. Él entró en su casa y se detuvo en medio de la sala, y se arrodilló diciendo: "Sr. Lake, estoy preparado para que usted ore por mí para poder ser liberado". Impusimos nuestras manos sobre él y oramos; gracias a Dios, el poder comenzó a inundarle. Él fue totalmente liberado, los demonios fueron expulsados y fue bautizado en el Espíritu. Desde ese momento en adelante, cientos de personas han sido salvas, sanadas y bautizadas en el Espíritu Santo bajo su ministerio. Él es ahora un próspero granjero del trigo en la región del Big Bend.

Anoche pasé la tarde en su casa y dirigí un servicio público para sus familiares y vecinos. Permítanme seguir el sendero de Jesús con ustedes en esa familia durante unos minutos. Sus hijos no eran salvos; sus hijas no eran salvas. Uno tras otro, después de la liberación del padre, la fe de Dios en el corazón de él acudió a Dios sin cesar por toda su familia. Ellos se convirtieron y fueron bautizados en el Espíritu, hasta que toda su familia, incluyendo a su querida esposa, fue salva y bautizada en el Espíritu Santo.

El Sr. Gering tenía un hermano, Joe, un tipo duro y muy bebedor. Era dueño de una granja en el campo. Su esposa estaba inquieta porque veía que gradualmente estaba perdiendo el control de sus asuntos y desperdiciaba su dinero, y estaban pasando por dificultades económicas. Ella era una mujer de oración y oraba por él. Finalmente, un día él fue a visitar a Paul Gering. Paul dijo: "Joe, voy a ir a Spokane para asistir a la reunión del Sr. Lake. Vente conmigo".

Estábamos realizando reuniones en nuestra casa. Cuando ellos llegaron, estábamos en la sala de oración. La reunión se produjo sin ninguna situación inusual hasta que prácticamente estábamos listos para concluir. Ese hombre, Joe Gering, estaba sentado en uno de los asientos de atrás. Una señora se volvió hacia mí y me preguntó: "¿Quién es ese hombre sentado atrás?".

Yo dije: "Es el hermano de Paul Gering".

Ella dijo: "El Señor me ha dicho que vaya y le imponga las manos y ore, y él será salvo y bautizado en el Espíritu Santo".

Yo dije: "Entonces es mejor que vaya y lo haga, hermana".

Ella se acercó hasta él y entabló una conversación, y finalmente le preguntó si podía orar con él. El dijo que no tenía objeción alguna en que ella orase por él; por tanto, ella le impuso las manos y comenzó a orar. Mientras lo hacía, el Espíritu de Dios descendió sobre él desde el cielo, y unos minutos después él entregó su corazón al Señor y oró hasta que obtuvo testimonio verdadero del cielo, y comenzó a regocijarse en el Señor. Después de regocijarse por un rato, ella dijo: "Ahora debiera usted orar para ser bautizado en el Espíritu Santo". Él se puso de rodillas otra vez y comenzó a orar, y después de unos minutos Joe Gering fue bautizado en el Espíritu Santo. El alma de aquel hombre estaba tan llena de alegría que se pasó toda la noche cantando, orando, regocijándose y hablando en lenguas y a veces en inglés. Unos días después, él estaba entre los pecadores y los enfermos, llevando la salvación y la sanidad a otros.

La siguiente es otra parte de la historia. Aquellos hombres tenían una hermana que vivía en Palouse, Washington, que desgraciadamente estaba casada con un hombre muy malvado. Ella desarrolló un tumor y él insistía en que la operasen. Ella intentaba decirle que el Señor siempre los sanaba en su familia pero él no escuchó, y la operaron. La llevaron al hospital St. Luke en Spokane para operarla. Se desarrolló una horrible infección, y le dijeron a la familia que ella iba a morir, así que la familia comenzó a reunirse allí para verla. Yo no sabía nada de esas circunstancias.

Iba yo por la calle Monroe cuando el Espíritu del Señor dijo: "Ve al hospital St. Luke y ora por la hermana de Paul Gering. Se está muriendo". Fui inmediatamente y pregunté en la oficina, y me dirigieron hasta su cama. Impuse mis manos sobre ella y comencé a orar, y el Espíritu del Señor descendió sobre la mujer. La infección fue destruida y diez minutos después ella dormía profundamente, y al día siguiente estaba de regreso a una bendita recuperación. Estas son algunas de las cosas que tienen lugar cuando las personas se ponen de acuerdo con Dios.

Su anciana madre era una mujer piadosa que vivía en Palouse. Le habían notificado que su hija iba a morir, y cuando se lo dijeron, ella entró en su cuarto e intercedió y oró delante de Dios por la liberación de su hija. Yo creo delante de Dios que cuando Él me habló, fue la respuesta a la oración de esa madre. Él envío ayuda por medio de mí, y el Señor la sanó.

LA SANIDAD DE LA HIJA DE GERBER

Un día, la Sra. Lake y yo estábamos presentes en una reunión de personas cristianas en la que aquellos Gering estaban con algunos de sus vecinos. Una familia con el nombre de Gerber tenía una hija de diecisiete o dieciocho años de edad. Ella se puso de pie con la espalda hacia nosotros, y yo comenté a la Sra. Lake: "¿Has visto alguna vez una silueta tan perfecta? Esa muchacha podría ser modelo de un artista". Pero cuando ella se giró, me quedé sorprendido por su aspecto. Nunca había visto a nadie con tal estrabismo. Era horrible mirarla.

Más adelante hablé con el padre, y él me dijo que los cirujanos no querían operar sus ojos pues decían que era imposible, y si lo intentaban, era probable que ella perdiera la vista. Entonces la joven se acercó a nosotros, y yo dije: "Siéntese, muchacha. Quiero hablar con usted". Después de unos minutos, me puse en pie e impuse mis manos sobre sus ojos. El Espíritu de Dios descendió sobre ella, y aquellos ojos quedaron tan rectos como tenían que estar en un período de tres minutos.

Actualmente ella está casada y tiene un hermoso hogar y unos bellos hijos. Sus ojos y su corazón son rectos.

Capítulo 19

El bautismo del Espíritu Santo

Sermón

Convención Pentecostal en Chicago
16 de julio, 1920

Hay tantos grados en Dios en el bautismo del Espíritu Santo como predicadores hay que lo predican. Algunas personas nacen postradas, llorando a los pies de la cruz; siguen estando en el plano terrenal con Cristo. Siguen llorando por sus pecados, siguen intentando vencer el pecado y ser puros de corazón

Pero hay otras personas que nacen más lejos en el bendito dominio de Dios, como nuestra madre Etter. Tienen poder de la resurrección. Todo poder es dado, y está en nuestra alma.

Y, amados, un día va a haber cristianos bautizados en el Espíritu Santo que estén muy arriba en la sala del trono de Dios, muy adelante en la conciencia que Su santo corazón infunde. Alguien va a nacer hijo de Dios y va a ser bautizado en el Espíritu Santo donde Jesús está en la actualidad, en la conciencia de trono de Cristo; dónde pueda hablar como Jesús hablaba, donde pueda sentir como Jesús siente: "*Y el que vivo, y estuve muerto; mas he aquí que vivo por los siglos de los siglos, amén. Y tengo las llaves de la muerte y del Hades*" (Apocalipsis 1:18). ¡Una conciencia absolutamente vencedora!

Queridos amigos, escuchen, quienes están intentando causar un Pentecostés que se agotó hace años. Dios lo dejó morir. Dios tenía sólo un camino bajo el cielo para hacer que ustedes avanzasen en Dios, y ese camino es dejar que no estén satisfechos con las cosas que tienen. Y si ustedes no tienen la conciencia que antes tenían, Dios todopoderoso entiende la situación. Él está intentando hacer que ustedes tengan hambre para que entreguen su cuerpo, su alma y su espíritu a Dios para siempre; y por la gracia de Dios, serán bautizados de nuevo en el Espíritu Santo en el trono de la conciencia de Dios, en el poder de Jesucristo, como Jesús lo es hoy: "***pues como él es**, así somos nosotros en este mundo*" (1 Juan 4:17).

Porque, con la mayoría de ustedes, cuando fueron bautizados en el Espíritu Santo el Señor tuvo que bautizar toda una dosis de medicinas, pastillas y todo lo que había en usted. Bien, Dios nunca tuvo que bautizar ese tipo de cosas en el Señor Jesús. Jesús descendió al río Jordán y entregó Su *cuerpo*, y Su *alma* y Su *espíritu* a Dios para siempre, y Él nunca tomó una píldora ni ninguna dosis de medicina. Él nunca acudió al espíritu del mundo para buscar ayuda ni tampoco al diablo. Su espíritu, Su alma y Su cuerpo fueron de Dios desde aquel momento, para siempre.

Amados, Dios está llamando a hombres y a mujeres a una consagración más santa, a un lugar más elevado en Dios, y yo soy uno de los candidatos de Dios para ese lugar santo. Quiero llegar hasta el trono de Dios. Oh sí, Dios me bautizó en el Espíritu Santo con un bautismo maravilloso, según el entendimiento que yo poseía hace diez o quince años. Pero soy un candidato actualmente para un nuevo bautismo en el Espíritu Santo que sale del corazón del Cristo *glorificado* en los relámpagos de Dios, venciendo para siempre en el trono con Jesús.

Y esa es la experiencia que va a constituir los hijos de Dios en el mundo. Esa es la razón de que ellos tomen el mundo para Jesucristo, y el reino quedará establecido, y ellos pondrán la corona sobre el Hijo de Dios y le declararán "*Rey de reyes y Señor de señores*" (1 Timoteo 6:15; Apocalipsis 19:16) para siempre. Amén.

Interpretación de un mensaje en lenguas

Por tanto, no teman, porque Dios puede realizar en ustedes aquello que realizó en Jesús, y resucitarlos igualmente en unión con Cristo Jesús y hacerles reinar en dominio sobre el pecado en lugar de ser dominados por las potestades de maldad y de tinieblas.

Capítulo 20

El llamado del alma

Sermón

Spokane, Washington
6 de marzo, 1916

Bienaventurados los que tienen hambre y sed de justicia, porque ellos serán saciados.
—Mateo 5:6

Alguien nos ha dado este pequeño dicho que se ha generalizado entre muchas personas: "Los míos vendrán a mí". Jesús expresó esa idea con palabras diferentes. Él dijo: "Quien tenga hambre y sed de justicia será saciado". Es la misma ley. "*Bienaventurados los que tienen hambre y sed de justicia, porque ellos serán saciados*" (Mateo 5:6).

Justicia es sencillamente la rectitud de Dios; la rectitud de Dios en el alma del hombre, la rectitud de Dios en el espíritu del hombre, la rectitud de Dios en el cuerpo del hombre. Para que el hombre pueda ser recto, o justo, Dios le imparte el poder de Su Espíritu. El Espíritu Santo contiene una gracia tan maravillosa y transformadora que, cuando es recibida en la naturaleza del hombre, comienza el maravilloso proceso de la regeneración y el hombre se convierte mediante este proceso en una nueva criatura en Cristo Jesús.

El llamado más profundo de nuestra naturaleza es aquel que encontrará la respuesta más rápida. Las personas oran; algo sucede. Si oran otra vez, ocurre algo aún más profundo en su naturaleza, encuentran un nuevo nivel de oración y el deseo es obtenido (véase Santiago 5:16).

En mi ministerio en Sudáfrica, tenía un predicador llamado Van Vuuren. Ese nombre significa "fuego". Van Vuuren había sido carnicero en la ciudad de Johannesburgo, y fue desahuciado para morir de consumición.[2] Su médico le había dicho: "Le queda sólo un año de vida". Por tanto, él dejó su negocio y se fue al campo para desarrollar una granja con la intención de que su familia pudiera sostenerse.

Después de haberse ido de la ciudad, muchos fueron bautizados en el Espíritu Santo y también sanados, y sus amigos le escribieron una carta diciendo: "Fulano, que estaba enfermo, ha sido sanado. Tu sobrina ha sido bautizada en el Espíritu Santo y habla en lenguas por el poder de Dios. Dios ha bendecido a Fulano", etc.

Van Vuuren tomó la carta, se fue a los campos, se puso debajo de un espino y extendió la carta delante de Dios. Después comenzó a orar: "Dios, si Tú puedes hacer esas cosas por las personas en Johannesburgo, puedes hacer algo por mí. He sido cristiano durante

[2] Consumición: un deterioro progresivo del cuerpo, especialmente por la tuberculosis. *Merriam-Webster's 11th Collegiate Dictionary* CD-ROM, © 2003.

dieciocho años, y he orado y orado por ciertas cosas que no han llegado a suceder. Dios, si otros pueden ser bautizados en el Espíritu Santo, también yo puedo serlo. Si los corazones de otros son hechos puros por Tu poder, el poder que ha hecho puros los de ellos puede también hacer puro el mío. Si otros han sido sanados, entonces Tú puedes sanarme".

A medida que él se entregaba así a Dios y abría su alma al cielo, de repente el Espíritu descendió sobre él y se convirtió en la criatura más transformada que yo haya conocido nunca. Dios se movió en ese hombre. Durante dieciocho días él caminó como si estuviera cubierto por el Espíritu de Dios; Dios hablaba continuamente a su alma dirigiéndole a una persona o a otra, a jueces y abogados, a hombres de estado y a médicos, a ricos y a pobres. Cuando él se encontraba con ellos, el Espíritu de Dios derramaba mediante su alma tales mensajes que ellos caían y lloraban.

Este es el punto de la historia al que quería que ustedes llegaran. Él dijo que por dieciocho años había orado por la verdadera conversión y transformación de su esposa y no se había producido. Pero aquella mañana, después de que el Señor le hubiera bautizado en el Espíritu Santo, una nueva oración entró en su corazón. Se había tocado una nueva profundidad en la naturaleza del hombre, y desde esa gran profundidad interior fluyó un clamor a Dios que había estado en su alma durante años. Pero aquella mañana, el gemido del Espíritu Santo desde lo profundo de él (véase Romanos 8:26) tocó el alma de su esposa. Antes de que él llegase a la casa, ella había entregado su corazón a Dios. En tres meses, toda su familia—su esposa y sus once hijos, al igual que él mismo—había sido bautizada en el Espíritu Santo.

EL HAMBRE DEL ALMA

El hambre de la cual Jesús habló cuando dijo: "*Bienaventurados los que tienen hambre y sed de justicia, porque ellos serán saciados*" es el mismo deseo, este llamado del alma que no es la simple actitud del hombre exterior y natural. Sin duda, la incluye, y quizá el deseo original al principio puede haber sido simplemente el de la mente. Sin embargo, cuando el deseo de ser más semejante a Cristo crece en el alma a medida que pasan los días y los años, se convierte en un llamado de las profundidades más interiores de la naturaleza de la persona. Y ese es el carácter del deseo del cual habló Jesús.

El acto espiritual que tiene lugar dentro de la naturaleza del hombre, ese fuerte anhelo de Dios, de Sus caminos, de Su amor, de Su poder, hace que todo lo demás, quizá de modo inconsciente para la persona, quede en un segundo lugar.

PROBLEMAS PRIMORDIALES DEL CORAZÓN

Los políticos hablan sobre un problema primordial: el problema que destaca por sí mismo sobre todos los demás, y es el mayor y el que más interés tiene para el país. Ese es el problema primordial.

El alma también tiene su problema primordial. Cuando el deseo de su corazón es intensificado de tal manera que absorbe todas sus energías, entonces no está lejos el momento de su cumplimiento. Es el deseo que trae la respuesta. Es un deseo creativo.

Una mujer testificó delante de mí de este hecho. Habían declarado que ella no tenía esperanza y se iba a quedar ciega. Ningún remedio humano podía hacerle ningún bien. Alguien abrió ante ella, de manera tenue, la posibilidad de que viese mediante el poder de Dios. Ella no tenía muy buena enseñanza, pero dijo lo siguiente: "Cada día, durante cuatro años, pasé dos horas y media expresando por completo el deseo de mi alma de tener la vista". No sólo expresándolo con palabras, sino reclamando que el poder de Dios recrease en ella la función de la vista en sus ojos y le hiciera ver. Al final de los cuatro años y medio, ella dijo: "Mis ojos están tan perfectamente como siempre estuvieron".

Esa es la recompensa de la persistencia de un deseo hacia Dios. Su naturaleza puede que sólo haya enviado un clamor a Dios, tal como mi naturaleza ha hecho y sigue haciendo. ¿Es su clamor a Dios continuo? Gradualmente, a medida que las fuerzas de la vida se concentren en consonancia con ese fuerte deseo, el Espíritu de Dios está operando mediante su corazón, está siendo dirigido por ese deseo y concentrado en una línea en particular, intensificándose cada día debido a su continuo deseo de poseer el deseo de su corazón. El efecto de esa concentración del Espíritu de Dios en su alma es que, por la gracia de Dios, son llevados hasta usted todos los elementos necesarios para formular, crear y cumplir el deseo de su corazón. Y una mañana, usted se despertará para descubrir que se ha convertido en el dueño del objeto deseado.

BUSCAR PRIMERO LA JUSTICIA

Jesús puso a los hombres sobre el verdadero fundamento. Muchos simplemente desean salud; otros, bendiciones temporales. Ambas cosas son buenas y adecuadas, pero bendito sea Dios, Jesús puso el alma en el punto adecuado: buscar primero la justicia, la justicia de Dios, a fin convertirse en poseedor del reino. Jesús dijo: "*Mas buscad primeramente el reino de Dios y su justicia, y todas estas cosas os serán añadidas*" (Mateo 6:33).

Jesús estaba dando lugar y estableciendo en el mundo un nuevo carácter, un carácter que permanecería para siempre, una cualidad del alma que nunca fallaría, una fe que no conocería posibilidad de derrota. Al establecer tal carácter, Jesús vio que el carácter sólo podría establecerse en la profundidad del ser del hombre, en el mismo espíritu de su ser. Entonces una vez que el alma estuviese arraigada en los senderos de justicia, todas las actividades de la naturaleza estarían en consonancia con la rectitud y en armonía con las leyes de Dios.

Dios tiene un llamado en Su propio Espíritu. Si estudiamos nuestro espíritu entenderemos la naturaleza de Dios. El llamado del Espíritu de Dios es el llamado de la justicia, el llamado de la verdad, el llamado del amor, el llamado del poder, el llamado de la fe.

En una ocasión conocí a un joven que me pareció el hombre más bendito, en ciertos aspectos, de todos los hombres que yo había conocido jamás. Observe que él estaba rodeado de un círculo de amigos de hombres y mujeres, que había sido mi privilegio más profundo y verdadero conocer. Un día le dije: "¿Cuál es el secreto de ese círculo de amigos que usted posee y del modo en el que parece estar unido a ellos?". Él respondió: "Lake, mis amigos son el resultado del llamado de mi alma. Mi alma ha llamado verdad y justicia, santidad, gracia, fortaleza, cordura mental, el poder de Dios; y el llamado ha alcanzado a ese, a aquel, a ese otro, y los ha traído a mí".

En Topeka, Kansas, una mañana del año 1900, un hombre se bajó del tren y caminaba por la calle. Cuando iba por una calle en particular se detuvo delante de una casa grande y bonita y se dijo para sí: "Esta es la casa". Resultó que había un caballero cerca de la casa al que no se veía, pero escuchó lo que él dijo. Cuando él preguntó: "¿Qué hay de la casa?", sucedió esta historia.

El recién llegado dijo: "Durante años he estado orando a Dios para que realice cierta obra entre los cristianos conocida como el bautismo del Espíritu Santo. En mi búsqueda, he visitado cada grupo de personas cristianas en este país que yo sabía que afirmaban ser poseedores del bautismo. Sin embargo, cuando les visité y examiné su experiencia y las comparé con la Palabra de Dios, me convencí de que ninguno de ellos posee el bautismo del Espíritu Santo tal como está registrado y demostrado en el Nuevo Testamento".

Dijo que un día, mientras oraba, el Espíritu del Señor dijo: "Ve a Topeka, Kansas". Mientras oraba, observó en el Espíritu cierta casa, y el Señor dijo: "Yo te daré esa casa y sobre ella descenderá el bautismo del Espíritu Santo".

Así que tomó el tren y fue a Topeka, caminó por la calle y exclamó al pasar al lado de ella: "Esta es la casa".

Y la voz que provenía de la esquina respondió: "¿Qué acerca de ella?". Cuando el hombre hubo escuchado la historia, le dijo que él era el dueño de la casa y que había estado cerrada durante años. Le preguntó para qué la quería, y él respondió que iba a comenzar una escuela cristiana. El dueño dijo: "¿Tiene usted dinero?".

Él respondió: "No".

El hombre dijo: "Muy bien, puede usted utilizar la casa sin dinero".

Aproximadamente una hora después, pasó por la calle una señora cuáquera, dudó, miró a su alrededor y dijo: "Esta es la casa, pero nadie vive aquí". Después de una lucha con su alma, ella subió los escalones y llamó al timbre, y el primer caballero respondió y le preguntó qué quería. Ella dijo: "Vivo en el campo, en tal lugar. Mientras oraba, el Espíritu me dijo que viniese aquí a esta casa".

Él dijo: ¿Quién es usted?".

Ella respondió: "Tan sólo una cristiana anónima".

Él dijo: "¿Por qué ha estado orando?".

Ella dijo: "Por el bautismo del Espíritu Santo".

Amados, en tres semanas llegaron a esa casa dieciocho personas. Formaron un pequeño grupo y comenzaron a orar. El grupo creció hasta treinta y seis. La noche de Año Nuevo del año 1900, el Espíritu descendió sobre ese grupo y la primera persona fue bautizada en el Espíritu Santo. Unas semanas después, prácticamente todo el grupo había sido bautizado en el Espíritu Santo. Y desde allí se extendió a todo el mundo.

Ayer en la mañana, una mujer llegó a mis salas de sanidad, una extranjera en la ciudad. Ella dijo: "He estado orando por sanidad y le he pedido a Dios que me muestre dónde podría ser sanada. Escuché de unas personas en Chicago que oran por los enfermos, y los visité, pero cuando llegué el Espíritu dijo: "Aquí no".

Siguió diciendo: "Compré un ticket y estaba a punto de subir al tren para regresar a casa; pero mientras estaba sentada en la estación, una señora con muletas se me acercó. Sentí lástima por ella, y me giré para decirle algunas palabras amables. Mientras conversaba con ella, vi que era cristiana de una naturaleza profunda que rara vez se encuentra. Le conté mi historia, y ella dijo: "Oh, yo sé dónde el Señor quiere que vaya; Él quiere que vaya a Spokane, Washington". (Spokane está a 4.800 kilómetros de Chicago).

Ella le preguntó si conocía a alguien en Spokane, y la señora respondió: "Sí, conozco al Sr. Lake. Hace años yo fui niñera en su casa".

La mujer llegó aquí ayer y me buscó. Yo oré por ella y le dije que lo que debía hacer era acudir a recibir ministerio cada día hasta que estuviera bien. Ella dijo que lo haría. Esta mañana, recibí una llamada telefónica, y ella dijo: "Ya no voy a ir a las salas de sanidad".

Yo dije: "Oh, ¿es ese el tipo de individuo que es usted, el que viene una vez y no obtiene nada?".

"No—dijo ella—, llegué y obtuve algo, y no necesito regresar. Estoy sana, y vuelvo a mi casa".

Hay un llamado de fe en esta iglesia que está llegando lejos, muy lejos, de maneras incontables. En el otro extremo de ese llamado de fe, el Espíritu de Dios está revelando verdad a una y otra alma, y esas almas están pasando a esta vida y uniéndose con esta iglesia.

¿Hay un tono de desesperación en su corazón? ¿No ha obtenido aquello que su alma anhela? ¿Ha deseado ser como esa persona sin pecado, desprendida y sana? Dios responderá el clamor de su alma, y usted tendrá el deseo de su corazón. Pero antes de que ese clamor pueda recibir respuesta, debe ser un llamado primordial de su ser. Cuando se convierte en el problema primordial del alma es cuando llega la respuesta. Jesús lo sabía, y por eso Él dijo: *"Bienaventurados los que tienen hambre y sed de justicia, porque ellos serán saciados"*.

No hay duda al respecto. Todas las barreras de su naturaleza se derrumbarán delante del deseo del alma. Todos los obstáculos que había desaparecerán delante del deseo de su alma. Todas las enfermedades que existieron en su vida desaparecerán delante del deseo de su alma cuando ese deseo se convierta en el único propósito y oración de su corazón.

Me encanta pensar en una gran alma. Él no era un gran cristiano pero era una gran alma. Era el hijo de un clérigo de la Iglesia de Inglaterra y llegó a Sudáfrica pensando que podrían volver a tener un estado de salud normal. Llegó a las minas de diamantes en Kimberly, agarró un pico y una pala y trabajó con ellos el tiempo suficiente para entender los diamantes.

Y estudió los diamantes hasta que supo más acerca de ellos que cualquier otro hombre del mundo. Entonces pasó a estudiar a África hasta que un deseo primordial surgió en su alma. Él dijo: "Plantaré la bandera británica por todo el continente". Finalmente, eso es lo que hizo. Él me contó que al principio su visión se extendió hasta el río Vaal, después hasta Zambezi, y después hasta el desierto. También planeó una red ferroviaria de 9.000 km de longitud. John Cecil Rhodes murió antes de poder llevar a cabo por completo el deseo primordial de su alma.

"*Bienaventurados los que tienen hambre y sed de justicia*". Oh, si yo tuviera un sólo deseo que pudiera otorgarle más que ningún otro, le otorgaría el hambre de Dios.

"*Bienaventurados los que tienen hambre*". El hambre es lo mejor que puede llegar nunca a la vida de un hombre. El hambre es difícil de soportar; es el clamor de su naturaleza por algo que usted no posee. Lo que satisfaga las demandas del hambre en el alma de un hombre es el clamor de su naturaleza por el espíritu de vida que generará en él el abundante amor de Dios.

Hace años, yo era uno en una familia en la cual un familiar u otro era un inválido que estuvo en la casa durante treinta y dos años consecutivos. Durante ese periodo enterramos a cuatro hermanos y cuatro hermanas. Un clamor a Dios surgió en mi naturaleza por algo que detuviese la ola de enfermedad y de muerte. *Materia Medica*[3] había fallado por completo. Una tras otra se fueron poniendo tumbas.

Surgió en mi alma el clamor moral de algo de Dios que detuviese la ola y la alejase. Ninguna otra cosa sino la sanidad podría haber venido a mi vida, ninguna otra cosa sino el conocimiento de ella. Dios tuvo que traer desde el extremo más alejado de Australia al hombre (John Alexander Dowie) que trajo a mi alma el mensaje de Dios y la manifestación de Su poder que dieron satisfacción a mi corazón. Y por medio de él, la sanidad por el poder de Dios se convirtió en un hecho para mí.

Vivimos a fin de que esta alma pueda crecer. El desarrollo del alma es el propósito de la existencia. Dios todopoderoso intenta que se produzca cierta unión con Él mismo. Por Su gracia, se propone hacernos crecer en el conocimiento y semejanza de Él hasta esa estatura (véase Efesios 4:13–15), donde, como hijos de Dios, comprenderemos algo de Su amor, de Su naturaleza, de Su poder, de Su propósito, y habremos crecido lo suficiente para devolver a Dios lo que un hijo debería dar a un gran Padre: la reverencia, el amor, el afecto que provienen de entender la nobleza y la grandeza de Su propósito.

---

[3] *Materia Medica*: un tratado sobre *materia médica*, las sustancias usadas en la composición de remedios médicos; una rama de la ciencia médica que trata de las fuentes, naturaleza, propiedades y preparación de medicinas. *Merriam-Webster's 11th Collegiate Dictionary* CD-ROM, © 2003.

Gran Bretaña produjo dos maravillosos hombres de estado, un padre y su hijo. Fueron conocidos en la historia como William Pitt el Viejo y William Pitt el Joven. El joven Pitt fue un hombre de estado tan grande como su padre. El hijo llegó a ese lugar donde, al captar la visión su gran padre, su alma se puso a la altura y él se convirtió en igual de su padre. Cuando iba yo caminando por la Casa de los Comunes, llegué hasta las estatuas de los Pitt viejo y joven. He olvidado la inscripción que hay en la estatua de Pitt el Viejo, pero en la base de la estatua del hijo había las siguientes palabras: "Mi padre, el hombre más grande que haya conocido jamás". ¿Vemos el clamor de su alma por la grandeza de su padre, por la nobleza de su padre, por la fortaleza e influencia de su padre?

"*Bienaventurados los que tienen hambre*". ¿De qué tenemos hambre, de un poquito de Dios, lo suficiente para llevarnos por este viejo mundo donde estaremos estancados y luego entraremos a duras penas al cielo? "*Bienaventurados los que tienen hambre*" de la naturaleza, el poder y el entendimiento de Dios. ¿Por qué? "*Porque ellos serán saciados*". ¡Bendito sea Dios!

No hace mucho tiempo yo estaba delante de grandes audiencias de eclesiásticos del mundo. Ellos decían: "En todo su ministerio hay un tono, y es el clamor por poder". Decían: "¿No cree usted que sería mejor si la iglesia estuviera clamando por santidad en lugar de poder?".

Y yo respondía: "Nunca obtendrá lo uno sin lo otro. Hay algo mayor que la santidad, y es la naturaleza de Dios".

La naturaleza de Dios tiene muchas facetas. Desde cualquier ángulo que el alma se acerque a Dios, se le revela una manifestación nueva y distinta de Él: amor, belleza, ternura, sanidad, poder, fuerza, sabiduría, etc.

Por tanto, el cristiano que tiene hambre y más hambre, bendito sea Dios, y eleva su alma a Dios, hace descender a Dios para responder su propio clamor. El espíritu del hombre y el Espíritu de Dios se unen. La naturaleza de Dios se reproduce en el hombre, tal como Dios quiso que fuese. No hay personas enfermas en Dios. No hay enfermedad en Su naturaleza.

Hay un incidente en la vida de Jesús que es maravilloso. Jesucristo demandó Su derecho a sanar a una mujer que estaba atada por Satanás con un espíritu de enfermedad y no quedó satisfecho hasta que se logró. El diablo, y la iglesia, y la religión, y el predicador se apartaron ante el clamor del Hijo de Dios de afirmar Su derecho a liberar a aquella alma del pecado y la enfermedad. "*Bienaventurados los que tienen hambre*".

Capítulo 21

Conciencia cristiana

Sermón

Chicago, Illinois
16 de julio, 1920

El propósito de Dios, y el propósito del cristianismo, es crear en la naturaleza del hombre una conciencia de Dios. La palabra *conciencia*, tal como la estoy utilizando, significa "aquello que el alma conoce", no lo que uno cree, o para lo que tiene fe o lo que espera, sino lo que el alma ha probado, lo que el alma conoce, aquello sobre lo cual el alma descansa; lo que ha quedado establecido en su vida. La iglesia que consiga crear el mayor grado de conciencia de Dios en el alma del hombre es la que vivirá más en el mundo. Además, la única posibilidad de perpetuar para siempre una iglesia en el mundo es llevando las almas de las personas a la plena medida de la conciencia de Dios que Jesucristo disfruta. Es bueno no sólo ser una buena persona, sino también saber por qué es usted bueno. Es bueno no sólo ser estadounidense, sino también saber por qué es usted estadounidense. Es bueno no sólo ser cristiano, sino también saber por qué es usted cristiano, y saber por qué la conciencia cristiana es superior a cualquier otra conciencia conocida.

Hoy quiero declarar que el cristianismo está por encima de cualquier otra forma de religión bajo los cielos y en toda la tierra, porque ninguna otra religión bajo los cielos tiene la misma conciencia de Dios o el mismo medio de producir una conciencia de Dios que posee el cristianismo.

En 1893 se realizó la mayor Exposición Universal aquí en Chicago. Entre las características de la feria hubo un Congreso sobre Religiones. Todas las religiones del mundo fueron invitadas a enviar a sus representantes y a presentar su religión particular para el bien de todos. Muchos consideraron una gran calamidad que las diversas formas de filosofía oriental fuesen así introducidas en este país. Yo nunca lo sentí así. Siempre he sentido que si el cristianismo no pudiera demostrar su superioridad sobre todas las demás religiones, entonces el cristianismo no tiene el lugar ni el poder que Jesucristo dijo que el cristianismo tiene en el mundo.

Sin embargo, el resultado de ese Congreso de Religiones fue que el cristianismo estuvo tan mal representado que los filósofos hindúes ganaron fácilmente. En las mentes de miles de personas que escucharon se creó una impresión concreta de que el conocimiento de Dios, de las leyes de Dios y de las leyes de la vida que tenían los filósofos hindúes eran mayores que los que poseían los cristianos.

Compañeros cristianos, en aquel momento comenzó en mi alma una oración para que Dios todopoderoso revelase a mi alma cuál es el verdadero secreto del cristianismo real, a fin de que en este mundo los cristianos puedan convertirse en reyes y sacerdotes (véase Apocalipsis 5:10) y demostrar la superioridad de la religión del Hijo de Dios por encima de cualquier otra en toda la tierra.

En años recientes fui a Sudáfrica. Fue un periodo de un interés peculiar en la historia de Sudáfrica, justamente después de la guerra Boer. La mayor industria allí es la minería. Una cuarta parte del oro de todo el mundo proviene de las cercanías de Johannesburgo, Sudáfrica. La mayoría de los diamantes del mundo también provienen de Sudáfrica, y el mayor mercado de diamantes del mundo es el de los Estados Unidos.

Cuando comenzó la guerra Boer, los nativos comenzaron a tener tanto miedo de la guerra entre hombres blancos que, después de que terminó la guerra, no podían persuadirles para que volvieran a abrir las minas. El resultado fue que para hacer que las industrias se establecieran de nuevo, tuvieron que llevar a 200.000 chinos desde China y ponerlos a trabajar para abrir las tiendas, las minas y todas las demás industrias. Aquellos chinos llegaron en verdaderas colonias. Algunos eran confucianos, algunos eran budistas, algunos eran brahmanes, algunos representaban esta forma de filosofía y otros aquella otra forma. Llevaron con ellos sus sacerdotes, y sus sacerdotes les ministraban.

Al mismo tiempo, había en Sudáfrica un millón y medio de los orientales, que representaban todos los cultos de India. Ellos se quejaron de que no estaban recibiendo el cuidado adecuado, y el gobierno británico envió a traer de India un gran grupo de sacerdotes budistas, sacerdotes brahmanes y sacerdotes yogui, y el resto de ellos, y llegaron a Sudáfrica para ayudar a su propia gente.

Yo tenía un amigo judío, el rabino Hertz, que se hizo famoso en gran parte debido a su influencia en los británicos durante la guerra. También había un sacerdote católico romano, el padre Bryant, un hombre maravilloso. Yo escuché al Dr. Hertz dar una serie de conferencias sobre los salmos de David, que considero entre las mejores que haya oído jamás.

Un día él dijo: "¿Se le ha ocurrido alguna vez pensar qué Congreso de Religiones tan asombroso tendríamos en este país? Haría avergonzarse al que tuvimos en Chicago en 1893".

Yo dije: "He pensado en ello, pero no tengo suficientes conocimientos entre esos otros hombres para realizarlo, pero gustosamente echaría una mano para ayudar". Por tanto, finalmente se llevó a cabo.

Nos reunimos una vez por semana. Ellos se sentaban en el piso durante toda la noche al estilo oriental, un sacerdote con su intérprete. Dábamos al individuo toda la noche si él lo quería o dos noches, o todo el tiempo que quisiera tener para hablar de los secretos de su alma, para mostrar de la mejor manera que pudiera las profundidades de su religión y la conciencia de Dios que ésta producía. No eran los detalles de su religión lo que buscábamos, sino el alma de ella y la conciencia que poseía.

Escuchamos al sacerdote budista indio una noche y al sacerdote budista chino la siguiente; al sacerdote confuciano indio una noche y al sacerdote confuciano chino la noche siguiente; al sacerdote brahmán indio una noche y a un sacerdote brahmán chino la noche siguiente; y así sucesivamente. Finalmente llegó la noche en que el Dr. Hertz, el rabino judío, iba a dar el secreto de la religión judía, y hablar de todo el consejo de Dios que revelaba la religión judía y de la conciencia que era producida por las enseñanzas mosaicas y proféticas.

¿Alguna vez se ha detenido a pensar que, en toda la historia religiosa, los profetas judíos sabían más de Dios que todos los filósofos de la tierra en conjunto? Ellos sobrepasaban a todos los demás en la antigüedad en su conocimiento de Dios, en Sus caminos y en Su poder. Ellos entregaron a su época y su generación tal revelación de Dios como el mundo no había conocido jamás. Deténganse y piensen en las maravillas de Dios que el Antiguo Testamento reveló. Piensen en las maravillas que parecerían dejar pasmada el alma misma del cristianismo moderno.

Cuando los israelitas iban viajando por el desierto, Dios detuvo el proceso de deterioro de sus zapatos y sus ropas, y ellos las llevaron continuamente durante cuarenta años (véase Deuteronomio 8:4). Piensen en la maravilla de eso: ¡la detención del proceso de deterioro! Y también uno se maravilla de que sea posible detener el proceso de deterioro en la vida de un hombre. Sí, es posible, ¡bendito sea Dios! Jesucristo detiene el proceso de muerte espiritual por el poder de Dios, mediante la introducción de la vida en Cristo Jesús y el Espíritu de vida, dando al hombre vida eterna.

Piensen en el profeta Eliseo. Cuando los hijos de los profetas perdieron el hacha en el agua y acudieron a él turbados, Eliseo cortó un palo y lo sostuvo en sus manos. Y cuando lo lanzó al agua, el hacha salió a flote (véase 2 Reyes 6:1–6).

Más adelante, después de que Eliseo hubiera muerto y estuviera enterrado, algunos israelitas estaban enterrando a otro hombre, pero en su precipitación abrieron la tumba de Eliseo y pusieron el cuerpo del hombre junto con el de Eliseo. Cuando el hombre muerto tocó los huesos de Eliseo, que estaban llenos de Dios, revivió (véase 2 Reyes 13:21). Había suficiente de Dios en los viejos huesos de Eliseo para hacer volver al hombre a la vida. Bendito sea Dios.

Ustedes dicen: "Bien, ¿cómo puede demostrar el cristianismo algo más que eso?". Cuando escuché al

Dr. Hertz, mi corazón preguntó: "Querido Dios, cuando llegue mi turno de revelar lo que es el cristianismo, ¿qué voy a decir yo que vaya a revelar el cristianismo como superior a la dispensación judía y a la conciencia de Dios que produjo en las almas de los profetas?".

Desde las ocho en punto de la tarde hasta las 4:30 de la mañana siguiente, el Dr. Hertz derramó su alma en un maravilloso torrente de revelación de Dios, tal como mi alma nunca antes había oído. Mientras me dirigía a casa, oraba: "Dios, en el nombre de Jesús, cuando llegue el próximo jueves en la noche y sea mi turno de mostrar a Jesucristo, ¿qué voy a decir para superar la revelación de Dios que él dio?".

Estudié literatura cristiana, y no pude encontrarlo en los escritos de los antiguos padres cristianos. Estudié la Palabra de Dios; vi algunos destellos, pero de algún modo no se formulaban en mi alma. Decidí que había sólo un camino. Me entregue al ayuno y la oración, y a la espera en Dios.

Y un día, en la quietud, Dios me dijo ese secreto. Desde aquel día, mi corazón descansó en la nueva visión de Jesucristo, y una nueva revelación de la verdadera divinidad del cristianismo llegó a mi corazón.

Y llegó mi turno, y me senté y repasé durante horas, con cuidado, paso a paso, la conciencia que los filósofos y sacerdotes habían mostrado como perteneciente a sus respectivas religiones, y finalmente la maravillosa conciencia que el Dr. Hertz había mostrado como perteneciente a la dispensación mosaica.

Oh, bendito sea Dios, hay un secreto en Jesucristo. El cristianismo es todo sobrenatural, cada parte de él. Las filosofías son naturales. La dispensación mosaica y su revelación eran sobrenaturales, pero su revelación no tenía el alto grado de conciencia vencedora que pertenece al cristianismo. Sin embargo, puede usted recorrer todo el mundo y no encontrará a una persona entre cien mil que pueda decirle cuál es el verdadero secreto del cristianismo que le hace superior a todas las otras religiones.

Usted dice: "Es el Espíritu Santo". Bien, los profetas tenían el Espíritu Santo. Tenemos el maravilloso relato que encontramos en el Antiguo Testamento. Cuando Moisés necesitaba obreros y artesanos para el nuevo tabernáculo, el Señor designó a ciertos hombres diestros para llevar a cabo la construcción:

> *Mira, yo he llamado por nombre a Bezaleel hijo de Uri, hijo de Hur, de la tribu de Judá; y lo he llenado del Espíritu de Dios, en sabiduría y en inteligencia, en ciencia y en todo arte, para inventar diseños, para trabajar en oro, en plata y en bronce, y en artificio de piedras para engastarlas, y en artificio de madera; para trabajar en toda clase de labor. Y he aquí que yo he puesto con él a Aholiab hijo de Ahisamac, de la tribu de Dan; y he puesto sabiduría en el ánimo*

de todo sabio de corazón, para que hagan todo lo que te he mandado. (Éxodo 31:2–6)

Ese es el modo en que ellos aprendieron su oficio.

Más adelante, estaban haciendo preparativos para la construcción del templo de Salomón. ¿Se han detenido alguna vez a pensar de dónde vinieron los planos o como los obtuvieron? David nos dice que Dios le dio los planos del templo por escrito: "*Todas estas cosas... me fueron trazadas por la mano de Jehová, que me hizo entender todas las obras* [detalles] *del diseño*" (1 Crónicas 28:19). Él anotó esos detalles con tal agudeza que prepararon el templo en las montañas, y cuando lo llevaron para levantarlo en su lugar designado, no hubo el sonido del martillo (véase 1 Reyes 6:7). Cada pieza encajó en su lugar.

¡Qué maravilloso mover de Dios! ¡Maravillosa presencia de Dios! Eso es la gloria de Dios. Porque, cuando Moisés bajó del monte, su rostro brillaba o irradiaba con la gloria de Dios de modo tan intenso que el pueblo tenía temor de él, y se vio obligado a ponerse un velo hasta que la unción de alguna manera se apartase de su alma (véase Éxodo 34:29–35).

Pero, amados, el cristianismo es más que eso. Pablo declaró que la gloria del rostro de Moisés había quedado sobrepasada. Dije hace un instante que el cristianismo no es una religión natural; no tiene nada natural. Es *sobrenatural* de principio a fin, desde el centro hasta la circunferencia, por dentro y por fuera. Viene directamente del cielo, cada parte de ella. Es el fluir divino del alma santa del crucificado, resucitado y glorificado Hijo de Dios.

¿Por qué desciende Dios del cielo a los corazones de los hombres, a las naturalezas de los hombres, a los cuerpos de los hombres, a las almas de los hombres a los espíritus de los hombres? El propósito de Dios en el hombre es transformarle según la naturaleza de Dios.

Los filósofos llegaron al sepulcro y murieron; no tuvieron mayor revelación que dar. Habían dejado sus principios y existen hasta el día de hoy. Yo he estudiado a los grandes filósofos orientales; los he examinado de tapa a tapa. Los he leído durante años con mucha diligencia. Los he leído para ver cuál era su conciencia. El secreto de la salvación está en ellos.

Pero, en mi Biblia, se ve que el Hijo de Dios salva a los hombres de sus pecados y los cambia mediante Su poder en su naturaleza, de modo que sean semejantes a Él. Y ese es el propósito de Jesús: tomar a un hombre y hacerle profundamente semejante a Cristo. Tomar a un pecador y limpiarlo dejándolo blanco y limpio, y entonces entrar en su vida y ungirle con Su Espíritu, hablar por medio de él, vivir en él, cambiar la sustancia de su espíritu, cambiar la sustancia de su cuerpo; hasta que su cuerpo, su sangre, sus huesos, su carne, su alma y su espíritu sean el cuerpo, y la sangre, y los huesos, y la carne, y el alma y el espíritu del Hijo de Dios (véase Efesios 5:30 y 1 Corintios 6:17).

Oh, Jesús fue crucificado. Jesús fue crucificado después de que hubiera crecido en Su alma la conciencia divina de que Él podía ir al sepulcro y, por la fe en Dios, aceptar la Palabra de Dios y creer que Dios le resucitaría de la muerte. Jesús fue a la tumba con una valentía divina, no simplemente como un mártir. Él era el Príncipe de Dios, el Rey de Dios, el Salvador de Dios. Él fue a la tumba como el Conquistador de Dios. Él iba tras algo. Él iba tras el poder de la muerte, y lo consiguió. Él lo tomó cautivo, y salió del sepulcro proclamando Su victoria sobre la muerte.

Ya no más arrodillarse ante el maldito poder que había sido generado mediante el pecado. Ahora era cautivo. ¡No más temor al infierno! ¿Lo oyen ustedes? No más temor al infierno después de que Jesucristo saliera del sepulcro. El agarró por el cuello a la muerte y al infierno y tomó en Sus manos la llave. ¡Él fue Conquistador!

Cuando Él salió del sepulcro, lo hizo llevando ese maravilloso Espíritu de triunfo celestial que fue engendrado en el alma de Jesús porque Él no había fracasado. ¡Él había ido y lo había conseguido! Ya no era una *esperanza*, ya no era una *fe*, ahora era un *conocimiento*: la conciencia de Dios en Su corazón. ¡Fue consumado!

Oh, bendito Dios, voy a regresar a las palabras con las que comencé. ¿Saben ustedes que el secreto de la religión está en su conciencia? El secreto del cristianismo está en la conciencia que produce en su alma; y el cristianismo produce una conciencia más elevada que ninguna otra religión del mundo. Ninguna otra religión del mundo ni ninguna otra revelación del Dios verdadero la iguala. Es la más elevada y la más santa; llega rebosante y ardiente, desde el corazón del Hijo de Dios glorificado. Llega rebosante, ardiente y palpitante a su naturaleza y a la mía, bendito sea Dios.

Por tanto, esa es la razón de que yo ame la religión del Señor y Salvador Jesucristo. Esa es la razón de que la cruz del Calvario sea un lugar sagrado. Esa es la razón de que la conquista del Hijo de Dios en las regiones de la muerte haga palpitar el corazón del hombre. Esa es la razón de que Él reuniese a Sus discípulos y, como si Él no pudiese esperar, dijo: "Dejen que sople en ustedes Mi Espíritu. Salgan en Mi poder. Toda potestad me es dada en el cielo y en la tierra; por tanto, vayan. Estas señales les seguirán: echen fuera demonios, hablen con nuevas lenguas, sanen a los enfermos" (véase Juan 20:22; Mateo 28:18–19; Marcos 16:17–18). Amén.

En aquellos primeros siglos de cristianismo los cristianos no iban al mundo disculpándose; iban a matar las potestades de las tinieblas y deshacer las obras del diablo, y vivían en triunfos santo.

Conciencia de sanidad

Cuando uno ve esos destellos santos de llama celestial de vez en cuando en la vida de una persona, como observamos en nuestra hermana Etter cuando alguien es sanado, se debe a que su conciencia y la conciencia de Cristo son una. Ella está unida en Dios. Yo vi a una mujer moribunda sanada en treinta segundos cuando la Sra. Etter echó fuera un demonio. La llama de Dios, el fuego de Su Espíritu, diez segundos de conexión con el Cristo todopoderoso en el trono de Dios: ese es el secreto.

Oh, me gustaría ponerles en contacto con el Hijo de Dios durante cinco minutos. ¡Me gustaría ver las corrientes de los relámpagos de Dios descender durante diez minutos! Me maravillo de lo que sucedería.

Hace unos meses, yo estaba ausente de la ciudad de Spokane, y cuando regresé, descubrí que la Sra. Lake no estaba en casa. Era casi el momento de salir para mi servicio de la tarde. Justamente entonces, alguien llegó y dijo: "Su secretaria, la Sra. Graham, está agonizando, y su esposa está con ella". Por tanto, me apresure a ir allí. Cuando llegué, la esposa de uno de mis ministros me recibió en la puerta y dijo: "Es demasiado tarde; ella se ha ido". Y cuando entré, me encontré con el ministro que salía de la habitación, y me dijo: "Ella lleva un largo rato sin respirar". Pero mi corazón ardía cuando mire a aquella mujer y pensé en cómo Dios todopoderoso, tres años antes, la había resucitado de la muerte. Después de que le hubieran quitado el vientre y los ovarios en diversas operaciones, Dios todopoderoso los había restaurado en ella, después de lo cual se casó y concibió. Yo levanté a esa mujer de la almohada y clamé a Dios para que el relámpago del cielo venciese el poder de la muerte y la liberase. Le ordené a ella que regresara y se quedara, y ella regresó después de no haber respirado durante veintitrés minutos.

Aún no hemos aprendido a mantenernos en contacto con los poderes de Dios. De vez en cuando nuestra alma se eleva y vemos en la llama de Dios obrar esta maravilla o aquella. Pero, amados, Jesucristo vivió en la presencia de Dios cada hora del día y de la noche. Nunca salió de la boca de Jesucristo ninguna palabra sino la Palabra de Dios. "*Las palabras que yo os he hablado son espíritu y son vida*" (Juan 6:63). Cuando ustedes y yo estemos perdidos en el Hijo de Dios, y las llamas de Jesús ardan en nuestros corazones como lo hacían en Él, nuestras palabras serán las palabras de vida y de espíritu, y no habrá muerte en ellas. Pero, amados, estamos en el camino.

He leído historia de la iglesia y de la religión porque mi corazón estaba buscando la verdad de Dios. He sido testigo con mis propios ojos de la manifestación más increíble de poder psicológico. Conocí a un yogui indio oriental que se prestó voluntario para que le enterrasen durante tres días, y salió de la tumba sano y salvo. Les vi poner a un hombre en estado cataléptico, poner sobre su cuerpo una piedra de cuarenta centímetros cuadrados, poner sus pies sobre una silla y su cabeza sobre otra, y golpear esa piedra con una almádena de doce kilos hasta romperla por la mitad.

Yo observé esas cosas y dije: "Tan sólo están en el plano psicológico. Por encima está el plano espiritual y la sorprendente maravilla del Santo Espíritu de Dios. Si Dios se apoderase de mi espíritu durante diez minutos, Él podría hacer algo cien mil veces mayor que eso".

Porque Jesús fue el Triunfador. ¿Alguna vez se han detenido a pensar en el Jesús en el trono de Dios? A mí me gusta pensar en el Cristo del siglo XX, no en el Jesús que vivió en el mundo hace dos mil años, no en el Jesús humillado, no en el Jesús muriendo en la cruz por mi pecado. En cambio, me gusta meditar en el Hijo de Dios glorificado y exaltado en el trono de Dios, que declara: *"Y el que vivo, y estuve muerto; mas he aquí que vivo por los siglos de los siglos, amén. Y tengo las llaves de la muerte y del Hades"* (Apocalipsis 1:18). Bendito sea Dios.

Ese es el Cristo que sopla Su poder a su alma y la mía. Esa es la conciencia que se sopla desde el cielo en el Espíritu Santo cuando llega a su corazón. Amén.

Dios quiso que la iglesia cristiana fuese la encarnación del Hijo de Dios bendito y viviente: el Espíritu de Cristo que vive no sólo en un templo (Jesús), sino en multitud de templos. En los cuerpos de aquellos que están rendidos a Dios en santa consagración: la verdadera iglesia de Dios no sólo en nombre sino en poder. Muchos miembros, y sin embargo uno en espíritu, una estructura divina de fe y sustancia divina; el hombre transformado, transfigurado y transmutado en la naturaleza, la gloria y la sustancia de Cristo.

EL MALIGNO NO PUEDE TOCAR A UN HOMBRE SEPARADO

> *Sabemos que todo aquel que ha nacido de Dios, no practica el pecado, pues Aquel que fue engendrado por Dios le guarda, y el maligno no le toca.* (1 Juan 5:18)

Cuando el Espíritu de Dios irradiaba del hombre Jesús, ¿cuán cerca de Él creen que le era posible al diablo acercarse? Yo creo que era imposible para cualquier espíritu maligno estar cerca de Él. El Espíritu de Dios es tan destructivo para el mal como creativo es para el bien. Estoy seguro de que Satanás hablaba a Jesús desde una distancia segura.

El cristiano verdadero es un hombre *separado*. Está separado para siempre para Dios en *todas* las áreas de su vida. Así, su cuerpo, su alma y su espíritu están para siempre entregados al Padre. Desde el momento en que él se entrega a Dios, su cuerpo está tan plenamente en las manos de Dios como lo están su espíritu o su alma. No puede acudir a ningún otro poder para buscar ayuda o sanidad. Una consagración al cien por ciento saca al individuo para siempre de todas las manos excepto las de Dios.

Capítulo 22

Conciencia de Dios

Sermón

26 de noviembre, 1916

Cuando llegó el día de Pentecostés, estaban todos unánimes juntos. Y de repente vino del cielo un estruendo como de un viento recio que soplaba, el cual llenó toda la casa donde estaban sentados; y se les aparecieron lenguas repartidas, como de fuego, asentándose sobre cada uno de ellos. Y fueron todos llenos del Espíritu Santo, y comenzaron a hablar en otras lenguas, según el Espíritu les daba que hablasen.
—Hechos 2:1–4

El día de Pentecostés, los ciento veinte que componían el pequeño círculo de creyentes que se había reunido en el aposento alto después de la ascensión de Jesús, estaban sentados juntos en oración y meditación en Dios. De repente, vino del cielo—no del emocionalismo del hombre, sino por fe—, vino del cielo el sonido de un fuerte viento, y llenó la casa donde estaban sentados. Y aparecieron lenguas como de fuego, que se posaron sobre cada uno de ellos, y fueron llenos del Espíritu Santo, el Espíritu viviente de Dios. Como resultado de ser llenos de tal modo, comenzaron a hablar en otras lenguas según el Espíritu les daba que hablasen. Esa llenura del Espíritu Santo, esa venida del Espíritu viviente de Jesucristo sobre el hombre fue el amanecer del primer día cristiano. Aquel fue el día uno del cristianismo. El cristianismo no existía antes. La religión existía, pero el cristianismo nunca existió antes. El cristianismo de Cristo tuvo su nacimiento allí, bendito sea Dios. No se había manifestado en el mundo durante la propia vida de Jesús ni durante los cuarenta días después de Su resurrección. El cristianismo tiene un secreto, bendito sea Dios, el secreto del poder divino, el secreto que le hace diferente de las demás religiones conocidas. Es el secreto de la conciencia que contiene, y la conciencia que el cristianismo contiene se debe al hecho de que el Espíritu del triunfante Hijo de Dios, que había entrado en la muerte, que había experimentado la resurrección y mediante ella poder sobre la muerte, que había ascendido en triunfo a la diestra de Dios y se había sentado como vencedor, fue derramado sobre el mundo. Él derramó Su propio Espíritu viviente, que contenía esa conciencia. Por tanto, cuando el Espíritu de Cristo cayó sobre los discípulos el día de Pentecostés, produjo en ellos, por necesidad, lo que estaba en la mente de Cristo, la misma conciencia de poder, de victoria, de dominio y de semejanza a Cristo que era común a la naturaleza de Jesús mismo sentado en triunfo a la diestra de Dios.

Cuando yo estaba en África y me sentaba tranquilamente para estudiar a los nativos y sus mentes, me vi obligado también a estudiarme a mí mismo y a mi gente. Dije: "¿Qué es lo que nos hace distintos a los anglosajones de estas personas nativas?".

Mi amigo me dijo: "Bueno, es nuestra educación".

Yo dije: "La educación no lo hace".

Él dijo: "Sí lo hace".

Yo dije: "No, no lo hace. Te mostraré por qué".

Y le llevé a una de las ciudades y le presenté a un misionero nativo que tenía educación. Algunos misioneros le habían mandado a nuestro país, y él recibió educación en Yale, pero era tan impío como siempre lo había sido. Él era un impío con educación; no era cristiano.

Otro puede que diga: "Es nuestra buena crianza la que marca la diferencia entre los anglosajones y los africanos nativos". No es nuestra buena crianza; es algo más. Es la conciencia que contiene la mente anglosajona y que no contiene la del otro hombre. Esa conciencia es la conciencia de poder, una conciencia de dominio, una conciencia de autocontrol, y otras diversas cualidades de la mente humana sensible.

¿Cómo llegaron ahí esas cosas? Fueron establecidas en la mente del anglosajón mediante la transmisión de aquellos que creían. La conciencia es un crecimiento, una evolución o una impartición. Es esas tres cosas en la mayoría de la gente.

La morada del Espíritu de Dios en los discípulos fue una impartición del Espíritu de Jesús que trajo con ella las mismas condiciones de la mente de Cristo mismo. Él era quien había vencido a la muerte, y la había dominado, y había resucitado en Su propia conciencia como *Rey*. Por tanto, Él pudo decir a Sus discípulos:

> *Toda potestad me es dada en el cielo y en la tierra. Por tanto, id, y haced discípulos a todas las naciones, bautizándolos en el nombre del Padre, y del Hijo, y del Espíritu Santo.*
>
> (Mateo 28:18–19)

En otras palabras, [enseñen el concepto de] someter su cuerpo, su alma y su espíritu en un acto de unión con el Padre, el Hijo y el Espíritu Santo, con el propósito de establecer en el individuo el conocimiento consciente del Padre vivo, y del Hijo vivo, y del Espíritu Santo vivo. ¡Gloria a Dios!

Cuando yo era un chiquillo, me corregían como a los demás, y supongo que yo gritaba como lo hacían los demás. Yo no era ningún ángel, por lo que sé. Pero cuando me hice un hombre, dejé a un lado las cosas de niño.

Cuando me hice un hombre, Dios reveló el verdadero propósito de lo que el bautismo verdadero había de aportar a la conciencia del hombre. Yo vi que el propósito de Jesús era producir en el alma, el cuerpo y el espíritu del hombre tal conciencia del Dios vivo y trino que el hombre se convirtiese en rey, un rey viviente. Vi la dignidad, vi el poder, vi la manifestación del Espíritu que Jesús dijo que debería ser evidente en la vida de la persona que realmente haya sido bautizada en el Dios vivo, no sólo bautizada en Su nombre, sino realmente bautizada *en* Dios: sepultada en Él, instalada en Dios, instalada en la naturaleza de Dios Padre, en la naturaleza de Dios Hijo, y en la naturaleza de Dios Espíritu Santo.

Es casi una tristeza para mi alma que los hombres se sorprendan y queden perplejos ante una evidencia normal y tangible del poder de Dios. Una mujer llegó a las salas de sanidad un jueves por la tarde con un tumor más grande que un niño aún no nacido pero plenamente desarrollado, y sus médicos y enfermeras habían sido engañados, creyendo que era un niño, hasta que pasó el período de la naturaleza. Entonces decidieron que debía de ser otra cosa.

Ella llegó a las salas de oración, y yo la entrevisté. Ella dijo: "Sr. Lake, tengo la opinión de varios médicos. Todas son diferentes, pero cada uno de ellos ha dicho que es posible que sea un niño; pero ahora ha pasado el tiempo y no saben qué decir".

Puse mi mano sobre ella un momento y dije: "Señor, no es un niño; es un tumor". Ella se sentó y lloró. Su enfermera estaba con ella. Su alma estaba turbada, y no recibió sanidad.

Regresó el jueves en la tarde para recibir oración, y se fue como los demás; pero volvió el viernes con su corsé puesto. Ella dijo: "Vine para mostrarle que estoy perfectamente normal. Cuando me fui anoche a las diez no había ninguna evidencia de que hubiera sucedido algo, a excepción de que yo me sentía cómoda y la sensación de ahogo ya no estaba. Pero cuando me desperté esta mañana, tenía mi tamaño normal".

Yo dije: "¿Desapareció en forma de fluido?".

Ella dijo: "No hubo ninguna señal externa de ningún tipo".

Amados, ¿qué le sucedió? Se desmaterializó, ¿no es cierto? No había nada más; el tumor se disolvió. Se evaporó, salió del sistema, y desapareció en una sola noche.

Llamé por teléfono a un amigo para contárselo. Otro amigo estaba presente en la habitación, y a la vez que sostenía el receptor en su mano, se giró hacia su amigo y le habló de ello. El amigo dijo: "Mi buen Dios, vaya, ¡eso sería un milagro!".

¿Qué es un milagro? Es la evidencia tangible del control supremo del Espíritu de Dios sobre cada carácter y forma de materia. El tumor desapareció. Se fue. ¿Por qué? Porque el Espíritu del Dios viviente entró en el y, por el poder y la obra de Dios, la mujer regresó a su estado normal. Bendito sea Su nombre.

Si estas evidencias de la presencia y el poder de Dios no tuvieran valor a excepción del mero hecho de la sanidad física, no apelarían a muchas mentes pensantes. Amados, el poder de tal acontecimiento, de tal acto y de tal señal es que nos muestra que todas las cosas son posibles mediante un contacto vivo, positivo y real con el Espíritu de Dios. Bendito sea Su nombre.

Hablé con el esposo de la señora, uno de los hombres más profanos que haya conocido jamás, el viernes por la mañana. Él me dijo: "Sr. Lake, cuando me levanté el viernes por la mañana y vi a mi esposa, dije: 'Nunca más tomaré en vano ese nombre en mis labios'". Y él ha caminado bien, y una nueva luz está brillando en su alma, y una nueva presencia se ha hecho evidente para ese hombre.

La salvación es lo mejor que la mente de Dios pensó nunca. La salvación, la verdadera salvación, bendito sea Dios, es esa bendita obra de Dios por el Espíritu que tiene como único objetivo la transformación absoluta del hombre, cuerpo, alma y espíritu, a la semejanza de Jesucristo. Y no hay ningún hombre en la tierra que pudiera imaginar a Jesucristo andando de un lado a otro con un gran tumor en cualquier parte de Él. ¿Por qué? Bendito sea Dios, Él no tenía ningún tumor ni en Su alma ni en Su espíritu. ¿Por qué? Porque toda Su naturaleza estaba unida en santa y completa unión con el Dios viviente, y la vida, la naturaleza y la sustancia del ser del Dios, que es el Espíritu Santo, fluía por el espíritu, el alma y el cuerpo de Jesús igualmente.

¡Qué maravillosa unión se logró mediante el consentimiento de Su propia voluntad, sin la cual

Jesucristo mismo nunca podría haber sido el Cordero de Dios sin defecto! Pero al decir "sí" a Dios, al rendir Su naturaleza con su "sí", Él permitió que el poderoso Espíritu de Dios poseyese Su vida y llevase a cabo la voluntad de Dios en Él y por medio de Él. ¡Bendito sea Su precioso nombre!

Los hombres tienen miedo a decir sí a Dios. Cuando yo era joven, estaba sentado en una pequeña reunión cuando el Espíritu habló a mi corazón. Yo dije: "Si voy a ser cristiano, no puedo hacer esto ni puedo hacer aquello". Oh, Dios poderoso, en la actualidad mi alma casi vomita al pensar en el mediocre concepto que tiene el hombre del cristianismo.

Aproximadamente el noventa por ciento del así denominado cristianismo se deletrea con dos letras: N-O. No hagas esto y no hagas aquello; el individuo se refrena, se priva, caminando según leyes y ordenanzas, etc. Pero, bendito sea Dios, la religión está toda contenida en tres letras: S-E-R. No realizar actos sino *ser* aquello que Dios quiso.

Estaba yo en una reunión en Los Angeles en una ocasión. Un viejo ministro de raza negra[4] dirigía los servicios, y él tenía el vocabulario más divertido que ningún hombre haya oído nunca. Pero quiero decirles que había doctores, abogados y profesores escuchando las cosas maravillosas que salían de los labios de ese hombre. No fue lo que él decía con palabras, sino lo

[4] Nota: Lake se refiere William J. Seymour y el Avivamiento de la calle Azusa.

que decía desde su espíritu a mi corazón lo que me mostró que él tenía más de Dios en su vida que ningún otro hombre que yo hubiese conocido hasta ese momento. Era el Dios que había en él lo que atraía a la gente.

Había un hombre que insistía en levantarse y hablar de vez en cuando. Algunas personas tienen la manía de hablar. De vez en cuando, él se levantaba e interrumpía, y el viejo ministro había soportado por mucho tiempo. Entonces el hombre se levantó de nuevo, y el viejo ministro señaló con su dedo y dijo: "En el nombre de Jesucristo, siéntese". Él no se sentó; se cayó, y sus amigos lo sacaron.

Esa es solamente una manifestación del hecho vivo de lo que es el cristianismo: el poder divino de Jesucristo, por el Espíritu Santo, que llena el alma y el cuerpo de un hombre, bendito sea Dios, resplandeciendo mediante su naturaleza como una llama santa, llevando a cabo la voluntad de Dios.

La idea de que el hombre puede ser el templo del Espíritu Santo hace una demanda sobre su conciencia que ninguna otra cosa del mundo puede producir. Si Dios ha ordenado que mi alma y mi cuerpo, y el de ustedes, se convierta en el templo mismo y consciente de Su Espíritu—que Él, Dios, viva en nosotros y se manifieste a Sí mismo por medio de nosotros por Su Espíritu—, ¿qué tipo de demanda hace eso sobre nosotros?

Podemos entender entonces lo que había en la mente del apóstol cuando dijo: "*¡cómo no debéis vosotros andar en santa y piadosa manera de vivir!*" (2 Pedro 3:11).

¿Por qué las personas son tan lentas en rendirse a sí mismas al control, el gobierno y la guía del Espíritu de Dios? ¿A qué se debe que no haya una divina pasión en nuestros corazones de modo que tal control bendito llegue a ser una posibilidad? ¿Afirmaremos usted y yo hoy nuestra propia y pequeña humanidad y caminaremos según nuestra propia luz, o, como hombres sabios, como aquellos que buscan lo más divino en la vida, diremos sí a Dios y permitiremos que Dios tome nuestro ser, habite en nuestro ser, y viva Su vida en nosotros para así manifestar Su vida por medio de nosotros?

Tengo un hermano, una persona espléndida, un hombre con una buena educación, un profesor. Regresé de África hace algunos años, y estábamos juntos de visita. Mientras estábamos sentados, mi hermana, que también estaba presente, dijo: "John, tengo unos vecinos ancianos; son alemanes, y lo están pasando muy mal. El anciano hombre murió, y una de las hermanas murió. Les sucedió esto y les sucedió aquello, y finalmente el hijo, que era constructor de barcos, sufrió una caída un día y lo llevaron al hospital, y le dijeron que tenían que amputarle una pierna porque tenía gangrena. Los médicos le han amputado el dedo gordo y parte del pie, y ahora dicen que tienen que amputarle la pierna. La anciana madre lleva en una silla de ruedas, con parálisis reumática, más de dos años y medio, y no puede moverse".

Mi hermano y yo habíamos estado hablando sobre ese tema. Él dijo: "Jack, ¿no crees que esas cosas son todas psicológicas?".

Yo dije: "No mucho".

Él dijo: "Yo sí lo creo. ¿No crees que es una demostración del poder de la mente sobre la materia?".

Y yo dije: "No. Si sólo fuese eso tú podrías hacer una demostración tan buena como yo".

Después, mi hermana dijo: "He estado en su casa y lo he organizado para que vayas y ores por esas personas".

Yo dije: "Muy bien; Jim, ven conmigo".

Le dije a la anciana: "Señora, ¿cuánto tiempo lleva usted aquí?".

Y ella respondió: "Llevó casi dos años y medio aquí. Es dolorosamente difícil. No sólo es difícil estar sentada aquí todo el tiempo, sino que sufro noche y día, sin un momento de descanso de ese agudo sufrimiento en estos dos años y medio".

Mientras la escuchaba, la llama de Dios vino a mi alma, y dije: "Tú, diablo reumático, en el nombre de Jesucristo, te echaré fuera aunque sea lo último que haga en el mundo". Imponiendo mis manos sobre ella, levanté mi mirada al cielo y clamé a Dios para echar fuera ese demonio y liberarla. Le dije a ella: "Señora, en el nombre de Jesucristo, levántese y ande". Y ella se levantó y anduvo.

Fuimos a la otra habitación donde estaba el hijo, a quien tenían que amputarle la pierna. Me senté durante unos minutos y le hablé del poder de Dios. Dije: "Hemos venido con un mensaje de Jesucristo, y no sólo hemos venido con el mensaje sino también con el poder de Dios". Una vez más, imponiendo mis manos sobre su pierna, dije: "En el nombre del Dios vivo, nunca amputarán esta pierna", y fue sanada.

Yo estuve fuera de tres a seis meses, y a mi regreso me detuve una vez más en casa de mi hermana. Llamó una joven y dijo: "Debe usted venir a casa y ver a mi madre y a mi hermano. Los dos están muy bien". Fui, y encontré a la anciana muy feliz. Ella dijo: "Oh, Jake; él no está en casa. ¡Y está tan bien que se fue al bar y bailó toda la noche!".

Yo esperé para ver a Jake, e intenté decirle algo sobre el Dios viviente que él había sentido en su cuerpo, y quien quería tomar posesión de su alma y revelar la naturaleza de Jesucristo en él.

Pasaron cinco años; regresé otra vez a los Estados Unidos y estaba de visita en casa de mi hermana. Ella dijo: "¿Te acuerdas de algunas personas por las que oraste en esta misma calle? Ahí está Jake ahora, de regreso de su trabajo". Nos sentamos en el porche y hablamos, y yo dije: "Bien, Jake, ¿cómo va todo?".

Él dijo: "Oh, no lo entiendo todo, pero algo ha estado sucediendo una y otra vez. Está en mí. Primero, ya no podía ir al baile, y después ya no podía beber cerveza; luego, mi tabaco no sabía bien, y después entró en mi corazón un gozo, y entonces descubrí que era Jesús".

Nacido de Dios: la naturaleza del hombre en unión con Dios por el Espíritu Santo. Bendito sea Su precioso nombre.

Esta congregación ha sido bendecida con la continuada manifestación de la presencia de Dios por encima de cualquier otra congregación en el mundo. Esta ciudad ha sido bendecida con la manifestación de la presencia de Dios mucho más que ninguna otra ciudad del mundo. Sin embargo, los ojos de muchos están cerrados; no han visto a Dios. Algunos han visto al hermano Lake, otros han visto al hermano Westwood, pero no todos han visto a Dios, al Dios vivo. Muchos necesitan el mismo y continuado proceso del Espíritu de Dios en su alma que tuvo lugar en el corazón de Jake, revelando la naturaleza de Cristo hasta que todo su ser dijo sí a Dios, y él se convirtió en cristiano de hecho y en verdad. Bendito sea Dios.

Les dejo hoy con este mensaje de Dios: abran su alma a Él, y permitan que el bendito Espíritu de

Dios tenga entrada en su naturaleza. Digan sí a Dios. Digan sí a Dios.

Juan el Bautista fue un profeta. Un día, mientras Jesús estaba entre Sus amigos, Juan dijo: "*He aquí el Cordero de Dios, que quita el pecado del mundo*" (Juan 1:29), y: "*Yo a la verdad os bautizo en agua para arrepentimiento; pero... él os bautizará en Espíritu Santo y fuego*" (Mateo 3:11).

Hay un bautismo que pertenece a Jesús. Está en Su supremo derecho y control; ningún otro ángel ni hombre puede otorgarlo, pues viene solamente de Él. "*Ése es el que bautiza con el Espíritu Santo*" (Juan 11:33). Por tanto, el individuo que quiere el Espíritu Santo debe entrar en contacto definido y consciente con Jesucristo mismo. Bendito sea Dios.

Capítulo 23

Discernimiento

Sermón

1 Corintios 12:8–12

Mi primer gran interés en África fue estimulado cuando yo era niño mediante la lectura de los viajes y exploraciones de Livingstone, de cómo Stanley encontró a Livingstone en el corazón de África, y después de leer más sobre el viaje de Stanley por el continente y hasta el Congo.[5]

Cuando pasaron los años de mi juventud, fui consciente de cierta alteración de mi espíritu, la cual me esforzaré por describir.

Cuando dormía, y a veces durante las horas en que estaba despierto, me parecía como si estuviera presente en África en lugar de estar en América. En tales momentos, observaba la geografía del país, las peculiaridades del paisaje y las características de las diversas tribus de nativos. Llegué a solidarizarme profundamente con los esfuerzos de los Boer mientras observaba cómo se esforzaban por establecer nuevas repúblicas.

[5] En 1866, el explorador David Livingstone fue a África para buscar la fuente del río Nilo, y entonces desapareció. Cinco años después, el reportero Henry Morton Stanley se propuso encontrarle, y el 10 de noviembre 1871, lo hizo. Fuente: "The Scoop of the Century: Was getting the story worth the cost?" *National Geographic World Magazine* (disponible online en www.nationalgeographic.com).

Cuando llegué a la madurez, esas excursiones en el espíritu se me hicieron más inteligentes. En una ocasión, mientras estaba en actitud de oración, me acerqué a Sudáfrica desde el océano Índico y viajé por Zululand hasta las montañas de Basutoland. Observé las distinciones de las características tribales cuando pasamos por esos estados. También viajé por el estado de Orange Free y Transvaal desde Basutoland hasta Johannesburgo.

Esta excursión, proyección de espíritu-conciencia, o como se le quiera llamar, sucedió durante horas de comunión con Dios en oración.

Mientras meditaba y oraba cuando estaba en el mar de camino a África, de repente era consciente de las condiciones políticas de Sudáfrica. Sentía las luchas de los diversos elementos políticos en su búsqueda de supremacía. Y, de nuevo, entendía el estado del país económicamente y también veía los aspectos religiosos de la nación. Veía la idea predominante que vinculaba al pueblo Boer como nación a la iglesia holandesa, y las luchas de los nativos civilizados por obtener una dependencia religiosa.

Mientras estaba en el espíritu, comprendía no sólo el hecho presente, sino que también mi conciencia se proyectaba hacia el futuro de modo que veía la cadena de acontecimientos nacionales que habían de suceder. Y también vi la costa oeste de África, cuando esos puntos se habían convertido en puertos comerciales con líneas de ferrocarriles que se extendían hasta el Transvaal.

Gran parte de esa visión la he visto cumplirse en la actualidad; es decir, la unidad de los estados sudafricanos en una unión nacional (Natal, Orange Free State, Cape Colony, y el Transvaal); la gran conmoción religiosa; la solución de problemas políticos y financieros, etc. Vi la conquista por parte de los británicos del sudoeste alemán de África, incluyendo algunas de las escenas de la batalla de la guerra actual que se libra allí.

Nadie podía entender, a menos que se hubiera relacionado conmigo en la obra en África, cómo recibí ese conocimiento tan preciso de las condiciones en África. No fue el resultado de la lectura, porque yo no había leído prácticamente nada de África desde mi niñez.

Al viajar por el país después de mi llegada, no había nada nuevo. Yo lo había visto todo de antemano y podría recordar momentos y circunstancias en las que, en mis visiones de África, había visitado una ciudad u otra.

Ese conocimiento de las cosas me resultó de un valor inestimable cuando estaba realmente sobre el terreno. Hombres de negocios y hombres de estado por igual expresaron frecuentemente sorpresa por el profundo conocimiento que yo poseía de las condiciones que había en el país, sin entender mucho cómo me había llegado ese conocimiento.

Esa conciencia espiritual de las condiciones, o el gran don de conocimiento, continuó conmigo en mis primeros años como presidente de la Iglesia Apostólica de Sudáfrica.

Yo tenía por costumbre dictar mis cartas en la mañana antes de ir a mi oficina o de estar entre los enfermos para llevar a cabo las tareas diarias. En tales momentos, si quería escribir una carta, por ejemplo, a Cape Town, Pietermaritzburg, Pretoria o algún otro lugar, inclinaba mi cabeza en quietud delante de Dios por unos momentos. Mientras estaba en esa actitud, veía en mi conciencia las condiciones de la asamblea, o distrito, o ciudad, según fuese el caso. Podía ver las dificultades que los hermanos estaban teniendo allí, si es que había alguna, y cientos de veces he escrito revelándoles un conocimiento interior de las condiciones que había entre ellos y que ellos estaban seguros de que nadie conocía.

En nuestro trabajo entre los nativos estaba tan marcada esa característica que, después de un tiempo, surgió un dicho entre los nativos: "No se puede engañar al hermano Lake; Dios se lo muestra". Muchas, muchas veces cuando los nativos llegaban y presentaban quizá sólo una perspectiva del asunto, yo podía decirles toda la verdad con respecto a esa dificultad.

Una vez, llegó un hombre desde Robertson e hizo acusaciones contra un hermano que era uno de los ancianos en la obra allí. Cuando terminó, yo le dije: "Hermano, inclinemos nuestras cabezas en oración". Al instante, yo parecía estar en Robertson. Observé la asamblea, vi a los varios hermanos allí y noté su piedad y devoción a Dios, y vi que el estado era casi el contrario del que me habían presentado. El hombre mismo era el problemático.

En otra ocasión, una mujer acudió a mí varias veces pidiendo oración para ser liberada de la bebida. Yo le presenté la necesidad de arrepentimiento delante de Dios, de que confesara sus pecados, etc., y ella me aseguró muchas veces que había hecho todo eso.

Un día, ella llegó mientras yo estaba descansando en la cama. Mi esposa la llevó a la habitación, y ella se puso de rodillas, llorando, al lado de la cama. Como siempre, me pidió que orase por liberación. Yo le dije "¿Qué de las joyas valoradas en 250 libras que usted se llevó de tal casa?". Ella extendió sus brazos con una exclamación de desesperación, suponiendo que yo la entregaría a la policía o que iría a contárselo a las personas a quienes ella había robado. Yo la calmé asegurándole que como yo era un ministro de Cristo, nadie se enteraría por mí del asunto. Yo consideré ese conocimiento como sagrado delante de Dios, porque Dios me lo había revelado para ayudarla a salir de su dificultad. Ella fue liberada de la bebida y se mantuvo sobria, trabajando sinceramente en la viña del Señor.

Algunos días después, una mujer acudió a verme diciendo: "He oído que fulanita (nombrando a la señora de la que he hablado) se ha convertido y sé que debe de haberle confesado que robó joyas de mi casa". Yo le expliqué que, aunque se hubiera hecho tal confesión, como ministro de Jesucristo yo no podía revelarla, y no la revelaría.

A medida que conversamos, le dije que yo creía que Dios la había enviado para que pudiéramos hablar del perdón de Dios. Le mostré que Dios esperaba de nosotros que perdonásemos, como hemos sido perdonados; además, que se nos manda que perdonemos (véase Mateo 6:14–15). El Espíritu me dio tal conciencia del perdón de Dios que, a medida que se lo presentaba a ella, parecía fluir como amor líquido en mi alma. Ella se quebrantó y lloró, pidiéndome que orase por ella para que Dios la liberase de sus propios pecados y estableciese en ella el conocimiento y la conciencia de Su presencia y Su vida. Se fue diciendo: "Dígale a fulanita que, en cuanto a las joyas se refiere, nunca volveré a mencionarlo. No habrá acusación, y por la gracia de Dios la perdono".

Mi esposa poseía el espíritu de discernimiento en un grado más marcado que yo, en especial con respecto a dificultades en las vidas de personas, y en particular sobre quienes buscaban sanidad. Ella tenía la capacidad de revelar la razón de que ellos no fuesen bendecidos por Dios.

Yo tenía por costumbre recibir a los enfermos en mi oficina y los ponía en fila, y yo oraba por ellos, imponiendo mis manos sobre todos a medida que pasaban. Algunos no recibían sanidad, y su sufrimiento continuaba. Algunos recibían sanidad en parte, y otros eran sanados al instante. Yo pasaba al lado de quienes no habían recibido sanidad en la habitación contigua, y cuando había terminado de orar por la multitud, llevaba a mi esposa a la habitación donde estaban quienes no habían sido sanados. Ella se acercaba a uno de ellos y decía, en esencia: "Su dificultad es esta, en tal momento cometió usted tal y tal pecado, del cual no se ha arrepentido ni ha confesado". A otro, quizá le decía: "Dios quiere que usted haga restitución por tal acto que realizó en tal momento". A otro: "El orgullo de su corazón y el amor al mundo no han sido puestos sobre el altar de Cristo".

Al oír reveladas las cosas que había en sus corazones, muchos se arrodillaban al instante y confesaban sus pecados a Dios. Nosotros orábamos por ellos otra vez, y el Señor los sanaba. Algunos se iban sin haberse arrepentido; otros hacían como que se arrepentían, pero no era algo sincero y no eran sanados. Así, se nos enseña a valorar mucho los dones de Dios, de lo cual habla Pablo en 1 Corintios 12:10: "*a otro, discernimiento de espíritus*".

El Espíritu de Dios es como el pan que los discípulos tenían en sus manos. Cuando lo partieron y lo distribuyeron a las multitudes, había más restos que cuando comenzaron (véase Juan 6:11–13). El Espíritu de Dios es *creativo*, *generador* y *constructivo*, y cuanto más da usted, más recibe. Jesús estableció una ley perpetua cuando dijo: "*Dad, y se os dará; medida buena, apretada, remecida y rebosando darán en vuestro regazo; porque con la misma medida con que medís, os volverán a medir*" (Lucas 6:38).

Capítulo 24

Santidad al Señor

Sermón

Spokane, Washington
6 de marzo, 1916

Santidad es el carácter de Dios. La sustancia misma de Su ser y la esencia de Su naturaleza es la pureza. El propósito de Dios en la salvación de la humanidad es producir en el hombre una santidad igual, una radiante pureza igual a la de Dios mismo. Si Dios no pudiera producir tal pureza en el hombre, entonces Su propósito en el hombre sería un fracaso, y el objeto del sacrificio de Jesucristo sería un fallo en lugar de ser un triunfo.

El triunfo de Jesucristo se obtuvo mediante Su disposición a ser guiado por el Espíritu de Dios. El triunfo del cristiano puede obtenerse sólo de manera similar. Aunque Dios haya bautizado un alma con el Espíritu Santo, la persona aún tiene, al igual que Jesús, la necesidad presente de caminar en humildad y permitir que el Espíritu de Dios sea su guía absoluta.

El desvelar la conciencia, el deseo de la carne, la sensualidad de la naturaleza, los pensamientos del hombre y la revelación de tendencias adversas, es todo ello parte del propósito de Dios y es necesario para el crecimiento en Dios. ¿Cómo puede ser cambiada la naturaleza del hombre a menos que primero sea revelada esa naturaleza? Por tanto, surge en el corazón el deseo y la oración para que el Espíritu Santo de Dios revele, crucifique y destruya toda tendencia de oposición al Espíritu Santo.

No crean que llegarán a lo más elevado en Dios hasta que dentro de su propia alma un anhelo celestial de ser semejante a Aquel entregó Su vida por nosotros posea su corazón. No piensen en acercarse al tribunal de Dios con manchas en su ropa. No piensen que el cielo puede sonreír a una naturaleza contaminada mediante el contacto con el mal. No piensen que Cristo puede morar en templos marcados por las llamas del odio. ¡No! El corazón del hombre debe antes ser purificado por el fuego santo y limpiado de toda mancha por la sangre limpiadora. ¿No saben que la persona cuya naturaleza es semejante a la de Dios debe sentir siempre el poder purificador de Cristo en su interior?

Aquel que quiera entender los caminos de Dios debe confiar en el poder del Espíritu para guiar y guardar. Aquel que quiera caminar por los senderos donde caminan los ángeles debe entender la pureza de los serafines. Esa es la naturaleza de Dios, esa es la obra del poder del Espíritu, ese es el logro de la persona que vence. En él estarán el gozo y el poder de Dios. De él fluirán las corrientes sanadoras de vida. A él se abrirán ampliamente las puertas del cielo. En él es revelado el reino.

Interpretación de un mensaje en lenguas

No tengas temor a poner tu mano en la palma traspasada por el clavo. No tengas temor a confiar en Su guía. El camino que Él recorre está marcado por pies sangrantes y está mojado por muchas lágrimas. Él te guía acertadamente, y el esplendor del cielo pronto se abrirá a tu espíritu, y sabrás que todas las almas triunfantes, aquellas que han vencido, han encontrado su entrada mediante este camino a las esferas de luz.

Capítulo 25

El Espíritu Santo manifestado

Sermón

Findlay, Ohio
26 de abril, 1914

Esta bendita, antigua y sencilla historia arde en mi espíritu. Leamos Juan 1:6–13.

Hubo un hombre enviado de Dios, el cual se llamaba Juan. Este vino por testimonio, para que diese testimonio de la luz, a fin de que todos creyesen por él. No era él la luz, sino para que diese testimonio de la luz. Aquella luz verdadera, que alumbra a todo hombre, venía a este mundo. En el mundo estaba, y el mundo por él fue hecho; pero el mundo no le conoció. A lo suyo vino, y los suyos no le recibieron. Mas a todos los que le recibieron, a los que creen en su nombre, les dio potestad de ser hechos hijos de Dios; los cuales no son engendrados de sangre, ni de voluntad de carne, ni de voluntad de varón, sino de Dios.

De alguna manera siento esta mañana que, como somos un cuerpo representativo de hombres y mujeres cuyo negocio en esta vida es proclamar y ser ejemplo del evangelio de Jesucristo, la presentación del Hijo de Dios como el Salvador del mundo es lo más grande que tenemos delante de nosotros.

Dios nos está mirando y esperando que hagamos esa demostración satisfactoria de la vida semejante a Cristo ante otros hombres, para que el mundo pueda desear a Jesús como Hijo de Dios, y que los hombres puedan anhelar el día en que Cristo venga y establezca el reino de Jesucristo en la tierra. Cualquier otra cosa no me parece digna de aquellos que tienen el privilegio especial de vivir en estos tiempos en que el Espíritu se está derramando sobre toda carne.

Interpretación de un mensaje en lenguas

Los tiempos de nuestra niñez en las cosas de Dios han pasado, y los tiempos de la madurez en el conocimiento de Dios ahora han amanecido sobre nosotros.

Dios está demandando de nosotros una demostración del poder de Dios, del amor de Dios y del carácter de Cristo que sean dignos del día, la hora, el mensaje y la época en que vivimos. Ahora es un periodo especial en que Espíritu de Dios está siendo derramado sobre la humanidad como preparación para el momento en que Jesús regresará y llamará a los santos de Dios a

Su propia gloria. Que podamos recibir de Él durante este periodo de privilegio excepcional la enseñanza, el desarrollo y la capacidad que reciben aquellos que han de regresar con Él en el establecimiento de Su reino. Que podamos tomar parte y estar con nuestro Señor Jesucristo en el gobierno de este viejo mundo en amor, justicia, pureza, santidad, verdad y veracidad en la era del reino.

En esta mañana, nuestro Dios llama a sus corazones y al mío desde un entendimiento y conciencia del Evangelio de Jesucristo a una conciencia despertada por el Espíritu Santo, a ese entendimiento espiritual especialmente iluminado y divinamente glorificado de la Palabra de Dios y de la mente de Dios. Tiene como fin que seamos hombres peculiares y mujeres peculiares, que viven una vida peculiar: peculiar en amor, peculiar en santidad, peculiar en reverencia por el Dios vivo, peculiar en el conocimiento de los secretos del poder y el gobierno divinos.

> Y a Ti, Oh Dios nuestro Padre, levantamos nuestros corazones y te pedimos que nos ayudes, para que seamos dignos del alto llamamiento que Dios nuestro Padre nos ha otorgado, mediante la misericordia y el sacrificio de Jesucristo. Para que vivamos, oh Dios nuestro Padre, según Tus caminos y según Tu voluntad, en Dios.

¿Sucederá que las voces de todos los hombres, y especialmente las voces de aquellos que entienden la salvación consciente mediante la preciosa sangre de Jesucristo, resuenen en este mundo con el nuevo mensaje de Dios? ¿Se elevarán nuestras voces en el peculiar Espíritu y poder de Dios, manifestando a Cristo en el hombre en estos tiempos, dando el mensaje de Dios como el Salvador de la humanidad, como el Redentor y Santificador del hombre, como Aquel que se goza y mora en la santidad de Sus hijos?

Dios no puede mirar con ningún grado de tolerancia al pecado y al egoísmo, pero mira con ojos de piedad, sacrificio y santidad al hombre, descubriendo en las profundidades mismas de nuestra naturaleza aquello que no es semejante a Su preciosa y viva santidad. Y [Él] desea que nuestra naturaleza sea cambiada, que nuestros corazones sean elevados a Él en el gozo, la alabanza y la alegría de aquellos que conocen, entienden y comprenden la santidad de ser permitidos ser hijos de Dios, lavados en Su preciosa sangre, coronados con Su Espíritu, buscando Su gloria.

Por tanto, en esta mañana, nuestro bendito Señor pide a quienes están desanimados, quienes están cansados, quienes han vivido en la rutina ordinaria de la vida, que nuestros corazones se eleven a Él, y que entendamos que Él desea de manera peculiar grabar en nuestros corazones que el Hijo de Dios, Jesucristo, nuestro Salvador y Redentor, murió en la cruz y Su cuerpo estuvo en el sepulcro; sin embargo, el poder de Dios fue suficiente para resucitarlo a la vida e impulsarlo, fortalecerlo y elevarlo al lugar del triunfo. Sí, Él ascendió a los lugares celestiales y se sentó en triunfo a la diestra de Dios.

Por tanto, que nuestros corazones no desfallezcan, sino que nos rindamos con una nueva esperanza y una nueva determinación a Dios, para que también nosotros seamos elevados de la inseguridad del tiempo y el momento presentes a la vida triunfante, celestial y santa; porque nuestra morada no está en la tierra, sino que nuestra morada está en los cielos.

La peculiar obra del Espíritu Santo en este tiempo presente es según nuestra necesidad presente. Sí, de modo que nuestra conciencia pueda ser tan iluminada, y nuestro entendimiento de Dios y de Sus caminos tan enriquecido, que nuestros corazones puedan cobrar una nueva esperanza y nuestras vidas puedan ascender a los lugares celestiales en Cristo Jesús, donde todas las cosas están debajo de nuestros pies y donde las potestades de la tierra y las cosas de la vida ya no nos arrastran, sino que en el poder del Espíritu Santo nos movemos y caminamos como hombres triunfantes y mujeres triunfantes, conquistadores de la enfermedad, el pecado, la muerte y las potestades de las tinieblas que nos arrastran día tras día.

El Señor quiere que oremos.

El Espíritu del Señor, mientras oramos, indicó a mi alma que el pecado peculiar del tiempo presente entre los hijos de Dios es un peculiar letargo espiritual al que se le ha permitido gradualmente robar nuestras almas, arrebatándonos la conciencia iluminada y el entendimiento del bendito Espíritu Santo y de Su presencia; que en lugar de elevar nuestros corazones y acogerle a Él, hemos descendido a un estudio del entendimiento de Sus caminos, Sus obras y Sus métodos hasta que ha venido a nuestros espíritus una penumbra.

Dios quiere sacarnos una vez más de las cosas naturales, del ejercicio de nuestra mente y nuestro espíritu naturales, y llevarnos al Espíritu Santo, a la vida elevada, a la vida en los lugares celestiales en Cristo Jesús, donde el Espíritu de Dios, en capacitación y poder, descansa sobre nuestras almas. Y regresando, llenos de Su presencia y Su gloria, podamos llevar a este mundo la conciencia iluminada del Señor Jesucristo:

- Que el poder transformador del Espíritu pueda entenderse tan libremente que la humanidad pueda ver y saber que es el día de Su preparación.
- Que toda nuestra vida y nuestro ser estén tan rendidos al Dios vivo que cada corazón sea un canal mediante el cual el Espíritu de Dios fluya para bendición del mundo perdido.

- Que el espíritu de crítica los unos a los otros y a todos los hombres cese dentro del corazón cristiano y de la conciencia iluminada.
- Que todos entiendan que cada uno tiene la posesión del grado y la medida del Espíritu Santo que Dios, en Su amor, le ha otorgado al individuo en su presente estado de desarrollo.
- Que en lugar de situarnos a nosotros mismos por encima de los demás y mirar con desprecio incluso al pecador, veamos como Jesús ve a los hombres y entendamos a los demás como el corazón de Cristo entiende.
- Que con amor, misericordia y compasión, extendamos nuestros brazos y abracemos a los demás y los guiemos al Cordero de Dios que quita el pecado del mundo.

Cuando la conciencia cristiana y el entendimiento cristiano son iluminados por la presencia del amoroso Dios en la medida que Él desea darnos, el mundo proclamará una exaltación del Señor Jesucristo tan pura, y santa, y verdadera, y bendita que todos los hombres verán y sabrán que hay un Dios vivo. Y el verdadero Cristo y Salvador vivo se manifestará mediante la iglesia, el cuerpo de Jesús en el mundo, a través del cual se da la manifestación del Cristo vivo a todos los hombres para la gloria de Dios.

Por eso, nuestro bendito Dios, elevamos nuestros corazones en esta mañana y te pedimos, nuestro bendito Dios, que quites de nuestros espíritus toda lamentable marca de egoísmo oculto que esté escondido en nosotros. Oh Dios, aplica la preciosa sangre de Jesucristo para que seamos tan purificados y tan iluminados por el Espíritu Santo y la gloria de Dios, que mostremos este verdadero reflejo del Señor Jesucristo en el Espíritu Santo, en el nombre de Cristo. Señor Dios, Te pedimos en esta mañana, mientras elevamos nuestras manos al cielo y sometemos nuestras almas a Ti, mientras confesamos nuestra pequeñez, nuestra mezquindad y nuestro egoísmo, que el bendito Cristo establezca dentro de nosotros al Espíritu Santo, que manifestará la verdad del Espíritu, en el nombre de Jesús.

Y Dios nuestro, oramos a Ti para que nos eleves a cada uno a la presencia de Dios, para que pongas en nosotros tal conciencia de Dios, de Su amor, de Su pureza, de Su santidad y de Su poder que, oh Dios, nuestro Cristo, nuestra alabanza a Ti y nuestra adoración a Dios sean en la belleza de la santidad. Oh Dios, que te adoremos a Ti en espíritu y en verdad, en el nombre de Jesús. Te pedimos, Dios nuestro, que toda cosa escondida, todo lo que no tiene la luz de la gloria de Dios, sea eliminado de nuestra naturaleza. Que, oh Dios, nuestro Cristo, una vez más podamos estar delante de Jesús, como hizo Natanael el israelita, en el cual no había engaño. Oh Dios, te pedimos que elimines de nuestras almas, limpies de nuestras naturalezas y laves de nuestros corazones todo lo que no es santo, todo lo engañoso, este demoníaco orgullo espiritual que es tan sutil. Oh Dios, quítalos. Que podamos permanecer, oh Dios, sin engaño delante de nuestro Dios, en el nombre de Jesús.

Bendito sea Tu nombre, oh Dios. Te adoramos y levantamos nuestras manos y nuestros corazones al cielo, y decimos: bendito sea Tu nombre. Santo, santo, santo es el Señor. ¡Bendito sea Su nombre! Dios nuestro, a Ti ofrecemos en esta mañana alabanza, adoración, gloria y honor a Tu nombre para siempre jamás. Bendito sea Tu nombre. Amén.

Dios nuestro, oramos en esta mañana para que la bendición y el poder de Dios descansen sobre nosotros, de modo que una rendición al Dios vivo y a todas las obras del Espíritu Santo en nosotros sea tan manifiesta, Dios nuestro, que podamos ser levantados para que se nos permita entrar en la exaltación del Señor Jesucristo, quien se ha convertido en el Gobernador de este universo, Rey de Reyes y Señor de señores, con ángeles y arcángeles, regocijándose delante de Dios debido al triunfo del Hijo de Dios, mediante el derramamiento de Su preciosa sangre por todos los hombres y la aceptación del toda la humanidad, en el nombre de Jesús. Amén.

Capítulo 26

El ministerio del Espiritu

Sermón

24 de noviembre, 1916

Una de las cosas más difíciles de llevar al espíritu de las personas es que el Espíritu de Dios es una sustancia tangible, que es la esencia del propio ser de Dios.

Estamos compuestos por una materialidad terrenal; los cuerpos son en gran parte una composición de agua y tierra. Esto puede parecer un poco crudo, pero la verdadera composición de un ser humano es de unos dieciséis cubos de agua y una parte de tierra. Estoy contento de que haya una parte de buena tierra en nosotros. Como saben, el agua es una composición de gases, así que pueden ver cuánto gas hay en la humanidad. Pero no somos todo gas.

Ahora bien, la composición de la personalidad de Dios—porque Dios tiene una personalidad y un ser y una sustancia (el espíritu es una sustancia)—es lo que estoy intentando enfatizar. Todas las cosas celestiales son de sustancia espiritual. El cuerpo de los ángeles es de cierta sustancia—no del mismo carácter de nuestra propia materialidad, porque la nuestra es una materialidad terrenal—, pero la composición de las cosas celestiales es de una materialidad celestial. En otras palabras, la materialidad celestial es espiritual. La Palabra dice: "*Dios es Espíritu*". Él es un espíritu; por tanto, "*los que le adoran, en espíritu y en verdad es necesario que adoren*" (Juan 4:24).

Como ven, el espíritu del hombre debe ponerse en contacto con el verdadero Espíritu de Dios y conocerlo: conocer a Dios. No conocemos a Dios con nuestra carne, con nuestras manos o con nuestro cerebro. Conocemos a Dios con nuestro espíritu. El conocimiento de Dios que obtiene nuestro espíritu puede ser comunicado, y se nos comunica, por medio de nuestra mente, por medio de nuestro cerebro. El efecto de Dios en nuestro cuerpo llega mediante el espíritu del hombre, mediante la mente del hombre al cuerpo del hombre.

Hay una iluminación por el Espíritu de Dios de modo que el cuerpo del hombre, el alma o la mente del hombre y el espíritu del hombre por igual son bendecidos, inundados y llenos de la presencia de Dios mismo en nosotros. La Palabra de Dios es maravillosamente clara a este respecto. Por ejemplo, la Palabra de Dios dice: "*Tú guardarás en completa paz a aquel cuyo* ***pensamiento*** *en ti persevera*" (Isaías 26:3). ¿Por qué? "*Porque en ti ha confiado*". Ese es el descanso que conoce el cristiano cuya mente reposa en Dios en perfecta y verdadera confianza. "*Tú guardarás en completa paz a aquel cuyo pensamiento en ti persevera*".

La Palabra de Dios dice de nuevo que nuestra *carne* se regocijará; no nuestra mente, sino que nuestra carne misma se regocijará.[6] La presencia de Dios ha de ser una presencia viva no sólo en espíritu del hombre, no sólo en la mente del hombre sino también la carne del hombre, de modo que Dios sea conocido en *todas* las áreas de nuestra vida. Conocemos a Dios en nuestra propia carne; conocemos a Dios en nuestra mente; conocemos a Dios en nuestro espíritu. Bendito sea Su precioso nombre.

El medio por el cual Dios se propone bendecir al mundo es mediante la transmisión de Él mismo. Ahora bien, el Espíritu de Dios es Su propia sustancia, la sustancia de Su ser, la naturaleza misma y la cualidad de la presencia, el ser y la naturaleza de Dios. Por consiguiente, cuando hablamos de que el Espíritu de Dios es transmitido al hombre, no estamos hablando de una influencia, ya sea espiritual o mental. Estamos hablando sobre la transmisión de la sustancia viva y el ser de Dios al ser de ustedes y al mío—no un efecto mental sino una sustancia viva—, el ser vivo y la vida real son transmitidos, impartidos, provienen de Dios hasta su ser y mi ser. ¡Bendito sea Dios!

Ese es el secreto de la vida abundante de la que Jesús habló. Jesús dijo: "*yo he venido para que tengan vida, y para que la tengan **en abundancia***" (Juan 10:10). La razón de que tengamos vida en abundancia es que, al recibir a Dios en nuestro ser, todos los ríos

[6] Nota: Lake posiblemente se refería al Salmo 16:9 ó Hechos 2:26.

de nuestro ser son avivados por Su presencia viva. Por tanto, si estamos vivos hoy y recibimos a Dios, vivimos la vida en mayor medida. Vivimos la vida con mayor energía porque nos hemos convertido en los receptores de la energía del Dios vivo, además de nuestra energía normal, mediante la recepción de Su ser, de Su naturaleza, de Su vida en la nuestra.

La maravillosa medida mediante la cual el ser humano es capaz de recibir a Dios queda demostrada por algunos de los acontecimientos de la Palabra de Dios. Por ejemplo lo más notable en las Escrituras es la transfiguración de Jesús mismo, cuando con Pedro, Santiago y Juan, el Espíritu de Dios vino sobre Él de modo tan poderoso que irradió a través de Su ser hasta que Sus ropas resplandecieron tan blancas como la luz y Su rostro brilló con tanto brillo como el sol (véase Mateo 17:2).

Ahora bien, la persona debe ser el receptor de la luz, la gloria y el poder de Dios antes de poder manifestarlos. Jesús demostró estos dos hechos: (1) la maravillosa capacidad de la naturaleza del hombre para recibir a Dios en su ser, y (2) la maravillosa capacidad de la naturaleza del hombre para revelar a Dios. En la gloria que resplandeció hasta en Su ropa, en la gloria de Dios que hizo que Su rostro fuese radiante y resplandeciente, Él demostró la capacidad del hombre para revelar a Dios.

El ser humano es el maravilloso instrumento de Dios, el más maravilloso de toda la creación de Dios con capacidad de recibir y revelar a Dios. Pablo recibió tanto de Dios en su ser que cuando los hombres le llevaban paños y él los tomaba en sus manos, y las mujeres le llevaban sus delantales y se los entregaban a él, los paños y los delantales se impregnaban de tal manera de ese Espíritu de Dios vivo (esa sustancia viva del ser de Dios) que cuando los llevaban a alguien que estaba enfermo o poseído por demonios—la Palabra dice que cuando ponían sobre ellos los paños o delantales—, el Espíritu del Dios vivo pasaba de los paños o delantales a la persona enferma o poseída; y los enfermos eran sanados y los demonios eran expulsados (véase Hechos 19:11–12).

Miren, las personas han tenido tal actitud de poner a Jesús en una clase por Sí mismo que no han reconocido que Él ha hecho provisión para que el mismo Espíritu de Dios que moraba en Su propia vida, y del cual Él mismo era una manifestación viva, habite en su ser y en el mío, al igual que el Espíritu habitó en el ser de Jesús o de Pablo.

No hay manifestación más maravillosa en la vida de Jesús que esa manifestación de sanidad por medio del apóstol Pablo.

¿Recuerdan el incidente de la mujer que tocó el borde del manto de Jesús? Sabiendo que todo Su ser, toda Su naturaleza, irradiaba esa maravillosa y bendita vida de Dios de la cual Él mismo era la manifestación viva, ella dijo para sí: "Si tocare solamente Su manto, seré salva" (véase Mateo 9:21; Marcos 5:28). Por tanto, después de mucho esfuerzo llegó a tocar el borde de Su manto; y cuando ella tocó el borde de Su manto, fluyó hasta su cuerpo el río de vida, y ella sintió en su cuerpo que había sido sana de aquella plaga. Y Jesús, siendo consciente de que había salido algo de Él, le dijo a Pedro: "¿Quién Me ha tocado?".

Pedro respondió: "Ves que la multitud te aprieta, y dices: ¿Quién me ha tocado?".

Él dijo: "*Alguien* Me ha tocado, porque yo he sentido que ha salido *poder* de Mí (véase Lucas 8:40–48). Si analizamos esa palabra griega, veremos que significa la vida o sustancia de Su ser, el poder avivador y vivo de Dios, la naturaleza misma y el ser de Dios.

Si yo transmito a otro el poder de mi vida, sencillamente transmito una parte de mi vida a otro, el poder de vida que está en mí, bendito sea Dios. La vida de Dios que fluye por medio de mí es trasmitida otro, y así fue con Jesús.

Ahora bien, es un hecho que la gente llevaba a Pablo paños y delantales, los cuales quedaban impregnados del Espíritu de Dios y las personas eran sanadas cuando los tocaban. Eso es una demostración en sí misma de que una sustancia material puede impregnarse del mismo Espíritu de Dios vivo.

En mi iglesia en Sudáfrica publicamos un boletín con diez mil ejemplares. Hicimos que los editores los enviasen al tabernáculo, y los pusimos en paquetes de cien o doscientos alrededor del frente de la plataforma. En el servicio de la noche, yo llamé a algunos de la congregación que yo sabía que estaban en contacto con el Dios vivo para que se acercasen, se arrodillasen e impusieran sus manos sobre aquellos paquetes de papel. Le pedimos a Dios no sólo que el material de lectura que había en el papel fuese una bendición para el individuo y que el mensaje de Cristo se comunicase a través de las palabras impresas en el papel, sino que también pedimos a Dios que hiciese que la sustancia misma del papel se llenase del Espíritu de Dios, al igual que los delantales se llenaron del Espíritu de Dios.

Si estuviera en mi tabernáculo ahora, podría mostrarles los miles de cartas que hay en mis archivos de todas las partes del mundo, de personas que me decían que cuando recibieron nuestro boletín, el Espíritu descendió sobre ellos y fueron sanados, o que cuando recibieron el boletín, el gozo de Dios vino a sus corazones, o que recibieron el boletín y fueron salvos para Dios.

Una mujer escribió desde Sudamérica, y dijo: “Recibí su boletín. Cuando lo tenía en mis manos, mi cuerpo comenzó a vibrar de modo que casi no podía sentarme en la silla, y no lo entendía. Dejé el boletín, y lo agarré otra vez después de un rato. En cuanto estuvo en mis manos, volví a temblar. Lo dejé de nuevo y lo volví a agarrar una tercera vez, y entonces el Espíritu de Dios vino sobre mí de modo tan poderoso que fui bautizada en el Espíritu Santo".

Amados, ¿no ven que este mensaje y esta cualidad del Espíritu contienen precisamente lo que confunde a todos los filósofos y a toda la práctica de la filosofía en el mundo? Muestra la distinción más clara que caracteriza a la verdadera religión de Jesucristo y la hace diferente a todas las demás religiones y todos los demás ministerios

El ministerio del cristiano es el ministerio del Espíritu. Él no sólo ministra palabras a otros, sino que también ministra el Espíritu de Dios. El Espíritu de Dios es quien habita en las palabras, quien habla al espíritu del otro y revela a Cristo en él y por medio de él.

En los tiempos en que yo estaba en África, iba a las reuniones de los nativos aunque no entendía los idiomas, y escuchaba predicar al predicador durante una hora y no entendía ni una sola palabra de lo que él decía; pero mi alma era bendecida por la presencia del Espíritu de Dios.

Como obispo de la iglesia, yo iba de lugar en lugar realizando conferencias aquí y allá entre personas de raza blanca y nativos. En muchas de ellas, las personas hablaban en inglés o en holandés; pero yo era igualmente bendecido cuando hablaba un holandés y yo no le entendía que cuando hablaba un inglés. ¿Por qué? Porque lo que bendecía mi alma era el Espíritu de Dios vivo. Quizá yo hubiera oído mejores palabras que las de esa persona, quizá una explicación más clara de las Escrituras de la que él podía dar, pero yo era bendecido por la presencia de Dios. Lo que el individuo estaba ministrando a mi alma era el Espíritu de Dios vivo.

El ministerio del cristiano es el ministerio del Espíritu. Otros hombres tienen intelecto, pero el cristiano ha de ser el poseedor del Espíritu. Él posee algo que ningún otro hombre en el mundo posee; es decir, el Espíritu del Dios viviente.

CARTAS PRESENTADAS PARA RECIBIR ORACIÓN

Esas cartas son para personas queridas en todo el país, y tengo el sentimiento de que me gustaría revivir entre nosotros esa bendita y vieja práctica de creer a Dios para que la sustancia misma de la carta, el papel o el paño llegue a llenarse con el Espíritu del Señor de tal modo que, cuando llegue a sus manos, ellos no sólo se sientan bendecidos por las palabras de la carta, sino que también el bendito Espíritu de Dios fluya hasta su ser desde la sustancia del papel mismo.

Eso es el cristianismo. Eso es el evangelio de Jesucristo. Eso es lo que viaja miles de kilómetros por encima de la influencia psicológica. Si quieren ustedes una clara distinción entre religiones psicológicas, como se les denomina, o ciencia mental, pueden verla en un minuto. El verdadero cristiano ministra el verdadero Espíritu de Dios, la sustancia de Su ser. Nunca debería haber necesidad de malentendidos con respecto a esto en la mente de nadie.

Un ministro de Jesucristo está tan alejado por encima de la esfera de las influencias psicológicas como el cielo está sobre la tierra. Bendito sea Dios. Él ministra a Dios mismo, a los espíritus, almas y cuerpos de los hombres. Ese es el motivo de que el cristiano derribe las barreras de esta naturaleza e invite a Dios a entrar y a tomar posesión de su ser. Y la llegada de Dios a nuestro cuerpo, a nuestra alma y a nuestro espíritu logra cosas maravillosas en la naturaleza del hombre.

Un día llegó un hombre a mi sala de oración y dijo: "Casi me avergüenzo de llamarme hombre porque sencillamente he permitido la parte animal de mi naturaleza, de modo que soy más un animal que un hombre. Usted dirá: '¿Por qué no abandona esa vida?'. No tengo la fortaleza en mi ser para hacerlo. A menos que algo suceda que me libere de este estado, no sé qué haré".

Yo intenté mostrarle lo que era el evangelio de Jesucristo. Intenté mostrarle que al vivir en un estado animal, teniendo pensamientos animales, rodeándose de sugerencias animales, y contactando con el espíritu de bestialidad en todas partes, el elemento animal había tomado tal posesión que predominaba en su naturaleza. Yo dije: "Hijo, si el evangelio significa algo, significa que habrá una transferencia de naturaleza. En lugar de ese infierno en vida que está presente en su ser, el Dios vivo y santo debería entrar en su vida y echar fuera al diablo, desposeer a la bestia y reinar en sus miembros".

Nos pusimos de rodillas para orar. Hoy, él regresó con lágrimas en sus ojos y dijo: "Sr. Lake, siento que ahora puedo estrechar su mano. Ya no soy una bestia. Soy un hombre".

Ayer, una querida mujer estaba presente en nuestro servicio de la tarde. Ella tenía un tumor que durante diez meses los médicos habían creído que era un niño no nacido. Ella llegó con una enfermera hace unos días a las salas de sanidad y me habló de sus síntomas. Lo que engañaba a los médicos era que había un movimiento que ellos consideraban parecido al movimiento de la vida, y el resultado fue que durante todos esos meses ellos creyeron que la mujer se convertiría en madre, hasta que pasó el tiempo normal del alumbramiento. Ella fue la primera persona por la que oramos después del servicio del jueves por la tarde.

Hoy regresó y dijo: "Sr. Lake, quiero que me vea. Llevo puesto mi corsé; estoy perfectamente normal. Cuando me fui a la cama, no era consciente de que había sucedido algo, excepto que ya no sentía ahogo y estaba cómoda. No noté ninguna disminución en mi tamaño; pero cuando me desperté esta mañana, estaba perfectamente normal".

Yo dije: "¿Cómo desapareció el tumor? ¿Fue en forma de fluido?".

Ella dijo: "No, no salió nada de mi cuerpo".

Ahora voy a preguntarles: ¿Dónde se fue un tumor tan grande como ese? ¿Qué le sucedió? (Una voz en la audiencia dice: "Se desmaterializó").

Sí, el Espíritu del Dios viviente desmaterializó por completo el tumor, y el proceso se llevó a cabo en una sola noche mientras la mujer dormía. Ese es uno de los métodos de Dios de operaciones quirúrgicas, ¿no es cierto?

Amados, incluso su tumor se llenó del Espíritu de Dios. El efecto del Espíritu de Dios en ese tumor fue tan fuerte, tan poderoso, que quedó completamente disuelto.

Ese es el secreto del ministerio de Jesucristo. Ese es el secreto del ministerio del cristianismo. Esa es la razón de que el verdadero cristiano que vive en unión con el Dios viviente y posee Su Espíritu tenga un ministerio que ningún otro hombre en el mundo posee. Ese es el motivo de que el verdadero cristiano aquí tenga una revelación de Jesucristo, de Su grandeza y de Su poder para salvar que ningún otro ser humano en todo el mundo posee. ¿Por qué? Él está lleno y experimenta en su propia alma el poder de disolución del Espíritu de Dios que quita el pecado de su vida y le hace ser un hombre libre en Cristo Jesús. Bendito sea Su nombre para siempre.

Hace unas semanas, una querida mujer me llamó por teléfono y dijo: "Tengo un joven amigo que es un borracho, y el hábito tiene tanto poder sobre él que llegará hasta cualquier extremo para obtener alcohol. Haya ley seca o no, él tiene que conseguirlo. Es un hombre inteligente, y quiere ser libre. Le hemos invitado a mi casa para orar por él, y está aquí ahora. Quiero que se una usted conmigo en oración por él".

Yo dije: "Muy bien, pero antes llame a uno de sus vecinos para que se una a usted en oración por ese hombre; entonces, cuando estén preparados, llámenme por teléfono y el hermano Westwood y la Sra. Patterson y yo nos uniremos a ustedes en oración". Ella me llamó un rato después y unimos nuestros corazones en oración por el joven, que estaba al otro lado de la ciudad. Unos veinte minutos después se levantó, tras estar de rodillas, y con lágrimas en sus ojos tomó de la mano a la mujer y dijo: "Soy un hombre con juicio. Sé cuando algo ha sucedido conmigo, y el apetito ha desaparecido". Ese es el ministerio del Espíritu, el ministerio de Dios al hombre. Bendito sea Su nombre.

¿No es maravilloso que Dios haya ordenado un plan mediante el cual el hombre se convierte en colaborador de Dios y compañero en el ministerio del Espíritu? "Su cuerpo, que es la iglesia" (véase Colosenses 1:24). Al igual que Cristo era el cuerpo humano mediante el cual el Espíritu viviente fue ministrado a la humanidad, así Dios ha planeado que la iglesia viva, no los miembros muertos sino la iglesia viva, viva con el Espíritu del Dios vivo, ministre esa vida iluminadora a otros y mediante ello se convierta en una colaboradora junto con Dios. Bendito sea Su nombre para siempre.

Los hombres han estado perplejos y han filosofado sobre el evangelio de Jesús, pero el evangelio es tan sencillo como puede ser. Al igual que Dios vivió y operó mediante el cuerpo del Hombre, Jesús, así Jesús, el Hombre en el trono, opera en el cristiano y por medio del cristiano, y también por medio de Su cuerpo, la iglesia, en el mundo. Al igual que Jesús fue el representante de Dios Padre, así la iglesia es la representante de Cristo. Y al igual que Jesús se rindió a Sí mismo a toda *justicia*, así la iglesia debería rendirse a hacer toda la voluntad de Dios.

El secreto del cristianismo está en *ser*. Está en ser poseedor de la naturaleza de Jesucristo. En otras palabras, es ser Cristo en carácter, Cristo en demostración, Cristo en agencia de transmisión. Cuando una persona se entrega al Señor y se convierte en hijo de

Dios, como cristiano es un Cristo-hombre. Todo lo que hace y todo lo que dice desde ese momento en adelante debería ser la voluntad, las palabras y las obras de Jesús, tan absolutamente y totalmente como Él dijo e hizo la voluntad del Padre.

Capítulo 27

El poder del Espíritu

Sermón

La vida del cristiano sin el poder interior del Espíritu en el corazón es agotadora para la carne. Es una obediencia a mandamientos y un esfuerzo por caminar según un patrón que uno no tiene poder [por sí mismo] para seguir. Pero bendito sea Dios, la vida cristiana que se vive por el impulso del Espíritu de Cristo dentro del alma se convierte en un gozo, un poder y una gloria. Bendito sea Dios.

El poder en el Espíritu de Cristo sólo se vuelve aplicable en nuestra vida según la visión y la aplicación de nuestros pensamientos a nuestra propia necesidad. El aire está lleno de electricidad. Está en los cielos; está bajo el agua. No hay ningún lugar donde podamos ir para escapar de ella. Por consiguiente, es utilizable en todas partes, *si* tomamos posesión de ella. Así sucede con el Espíritu de Cristo. El modo, o medio, o manera mediante la cual el alma del hombre toma posesión del poder de Dios es mediante la actitud del alma y la mente del hombre hacia él.

Yo puedo vivir todos los días de mi vida en un estado inactivo y soñador, sin llegar nunca a ser consciente del poder de Dios en mi vida. Por otro lado, puedo entregar mi alma y mi mente a Dios de manera activa hasta que el Espíritu del Dios viviente impregne tanto mi vida y resplandezca en mi ser que, como el Señor Jesús, las evidencias y manifestaciones de esa vida divina sean dadas a otros hombres.

EL DON DE LENGUAS EN OPERACIÓN

Una noche en mi propio tabernáculo, una joven llamada Hilda Daniels, de unos dieciséis o diecisiete años de edad, de repente fue inundada por el Espíritu de Dios. Ella se levantó y fue a la plataforma, poniéndose a mi lado. Yo reconocí enseguida que el Señor le había dado el mensaje, así que simplemente dejé de predicar y esperé mientras el Espíritu de Dios descendía sobre ella. Ella comenzó a cantar en un idioma que yo no conocía, y hacía gestos como un sacerdote de Mahoma haría cuando recita oraciones.

Lejos, en la parte de atrás de la casa, observé a un joven hindú al que yo conocía. Él quedó embelesado y comenzó a caminar gradualmente por el pasillo. Nadie le molestó, y él siguió por el pasillo hasta que llegó al frente, y se quedó mirando a la cara de la muchacha con una intensa sorpresa.

Cuando el mensaje había cesado, yo le dije: “¿Qué es?”.

Él dijo: “Oh, ella habla en mi idioma”.

Yo dije: "¿Y qué dice?". Y el subió a la plataforma y se puso a mi lado y comunicó lo esencial de su mensaje.

"Ella me dice que la salvación viene de Dios; que para salvar a los hombres, Jesucristo, que era Dios, se hizo hombre; que ningún hombre puede salvar a otro; que Mahoma era un hombre como todos los demás hombres y no tenía poder para salvar al hombre de sus pecados. Pero Jesús era Dios, y Él tenía poder para impartirme Su Espíritu y hacerme semejante a Dios".

Un día, yo estaba en la estación de ferrocarril en Logansport, Indiana, esperando que llegase mi tren. Observé a un grupo de hombres italianos, aparentemente obreros, que estaban sentados en un banco. Iban a alguna parte a trabajar. Mientras yo caminaba de un lado a otro de la plataforma, decía: "Oh Dios, cómo me gustaría ser capaz de hablar a esos hombres sobre el Cristo vivo y Su poder para salvar".

El Espíritu dijo: "Puedes hacerlo".

Me acerqué a ellos y, a medida que avanzaba, observé que comenzaba a hablar en un idioma extraño. Me dirigí a uno del grupo, y él al instante me respondió en italiano. Le pregunté de dónde era, y él contestó: "De Nápoles". Durante quince minutos, Dios me permitió hablar de la verdad de Cristo y el poder de Dios a ese grupo de obreros italianos, en italiano, un idioma del que yo no tenía conocimiento.

Una vez tras otra a intervalos, Dios ha permitido que sucedan cosas así en mi vida. Pero, amados, ese no es el verdadero "don de lenguas". Es un pequeño destello, un rayo, pero un día llegará del cielo la bendita lluvia de Dios que ungirá las almas de los hombres de modo que hablarán en todos los idiomas que el hombre habla, por el poder de Dios. El mensaje de Cristo será dado mediante esos corazones ungidos a las naciones del mundo. Dijo Jesús: "Y será predicado este evangelio del reino en todo el mundo", etc. (véase Mateo 24:14).

¿Puedo relatarles una historia más? Los misioneros moravos fueron a Japón hace unos cien años. Otros misioneros pasaron largos periodos intentando aprender el idioma, pero aquellos misioneros, según registra la historia, fueron a una reunión de oración durante seis semanas, noche y día, y salieron de aquella reunión hablando con fluidez los idiomas japoneses.

Tristeza por las almas cegadas al evangelio completo

Esas cosas sólo nos demuestran a ustedes y a mí la necesidad de mantener abierta el alma a la conciencia siempre creciente de Dios. ¿Es la sanidad una maravilla? No, la maravilla es que los hombres hayan permanecido ciegos al poder de Dios por tanto tiempo. ¿Cómo es que ustedes y yo, educados en hogares cristianos, leyendo la Palabra de Dios, orando a nuestro Padre Dios, no comprendemos que el poder de Dios por medio de Cristo puede salvar al hombre de todos sus pecados y de todas sus enfermedades?

Nuestras almas sólo han captado un pequeño destello, una revelación un poco mayor del Dios vivo por medio de la bendita Palabra y por medio del Espíritu Santo, el poder divino para hacerla real. Pero, hermanos, más allá del alma está el gran océano de Dios. Aún estamos remando en la orilla.

Cuando estaba yo listo para salir de Pullman la semana pasada, mis amigos se reunieron. Muchos de ellos dijeron: "Hermano, nunca hemos oído algo semejante. Qué reunión tan maravillosa. ¡Qué cantidad de maravillosas sanidades!". Pero cuando me subí al tren, me senté y lloré. ¿Por qué? Podía recordar que en aquella ciudad se había orado por una docena de personas que no habían sido sanadas. Ellas quizá fueran tan dignas como las que sí fueron sanadas. Y, amados, si Jesús hubiera estado en Pullman en lugar del hermano Lake, todas ellas habrían sido sanadas.

Hay lugar para ustedes y para mí, a los pies del Señor Jesucristo, en una humildad tan profunda y verdadera que Dios puede poner sobre nosotros el verdadero poder de Él en esa medida santa y celestial que es necesaria para la bendición y la sanidad de todos los hombres.

Bajen sus paraguas. El Espíritu está cayendo. Esta subiendo el clamor desde las almas de los hombres; un clamor por una nueva revelación del poder de Dios por medio de Cristo. Bendito sea Su nombre.

¿Salvador? Sí, bendito sea Dios, Salvador de todo pecado. No intenten aguar su conciencia y se obliguen a ustedes mismos a creer que no están pecando o que no hay pecado. No, bendito sea Dios. Hay un poder de Dios tan real y verdadero que se llevará de su corazón todo deseo de pecar, y será tan ofensivo para su alma que su espíritu se alejará de él. Sí, les llenará del Espíritu Santo hasta que se levanten como príncipes y reyes. Alejado el pecado, alejada la enfermedad, el poder de Dios reinando en sus vidas, dándoles la gloria que estaba en el rostro de Jesús, bendito sea Su nombre, y poniendo un canto de gozo en sus corazones y la radiante gloria del cielo en sus vidas.

Sí, bendito sea Dios, por esta salvación ora mi alma, y es mi oración hoy que descienda sobre esta audiencia el poder de Dios, el cual abrirá nuestra conciencia a Dios, nos llevará al Espíritu Santo y revelará al Cristo en nosotros, transformando nuestra naturaleza y haciéndonos semejantes a Él. No un poco como Él, sino en la medida de la estatura de la plenitud de Cristo (véase Efesios 4:13). Semejantes a Él, semejantes a Dios, semejantes a Cristo en obras y en verdad. Dios les bendiga. Amén.

Capítulo 28

Realidad

Sermón

11 de febrero, 1917

Porque el que santifica y los que son santificados, de uno son todos; por lo cual no se avergüenza de llamarlos hermanos.

—Hebreos 2:11

Cuando leo el segundo capítulo de Hebreos, hay una emoción que recorre mi alma, y ojalá que las verdades espirituales verdaderas de él pudieran ser establecidas para siempre en las mentes de los hombres.

Una vez escuché a un eminente clérigo predicar del texto: "*¿Qué es el hombre?*" (Job 7:17; 15:14). Cuando terminó, me quedé con el sentimiento de que el hombre era un tipo del horrible canalla [perro] con el rabo entre las patas, saliendo a hurtadillas para lanzarse al lago, diciendo: "No soy nada". Yo dije: "Él no ha captado nunca el fuego de lo que Jesús está intentando enseñar mediante el escritor de Hebreos: que el hombre fue la corona de la creación de Dios, que Dios otorgó al hombre la naturaleza y cualidades que, por Su gracia, pueden expresar más de Dios que ninguna otra creación de Dios. Dios se propuso por el

Espíritu Santo hacer la salvación de Jesucristo tan real en la naturaleza del hombre que '*el que santifica* [Jesucristo] *y los que son santificados*' mediante Su gracia son ambos de una misma naturaleza, de una sustancia, de un carácter: en la vida, en la justicia de Su muerte, y uno en el consecuente dominio que llegó debido a Su resurrección y Su gloria".

Hermanos del Señor Jesucristo. Él es el hermano mayor, y nosotros somos los miembros menores de la familia del mismo Padre, engendrados por el mismo Espíritu, vigorizados por la misma vida divina de Dios, cualificados mediante el Espíritu Santo para llevar a cabo el mismo ministerio bendito.

> *Porque ciertamente no socorrió a los ángeles* [Jesús], *sino que socorrió a la descendencia de Abraham.* (Hebreos 2:16)

Me gustaría poder escribir estas cosas en sus almas y grabarlas en sus conciencias.

Cuando el propósito de Dios en la salvación del hombre amaneció por primera vez en mi alma; es decir, cuando su grandeza amaneció sobre mi alma, porque en la experiencia, conocí a Dios como Salvador del pecado; entonces conocí el poder del Cristo dentro de mi propio corazón para guardarme por encima del poder de la tentación y para ayudarme a vivir una vida piadosa. Cuando conocí el propósito de Dios y la grandeza de Su salvación, es cuando la vida se convirtió para mí en algo grandiosamente nuevo.

Cuando por el estudio de Su Palabra y la revelación de Su Espíritu se volvió un hecho en mi alma que el propósito de Dios no era menor en mí de lo que era en el Señor Jesús—y no es menor en nosotros como hermanos pequeños de lo que era en Jesucristo, nuestro hermano mayor—, entonces, bendito sea Dios, vi el propósito que Dios tenía en mente para la raza humana. Vi la grandeza del deseo de Jesús. Ese deseo que fue tan intenso que le hizo, como Rey de la gloria, dejar a un lado toda la gloria que poseía y venir a la tierra para nacer como hombre, para unir Sus manos con nuestra humanidad, y por Su gracia elevarnos en conciencia y vivir al mismo nivel que Él mismo disfrutó.

Cristo se convirtió en un nuevo factor en mi alma. ¡Tal visión de Su propósito emocionó todo mi ser! Entonces pude entender cómo fue que, cuando Él se acercó al hombre y a sus necesidades, Jesús comenzó en el punto más bajo y reclamó la humanidad para Sí mismo. Mediante Su amoroso toque y el poder del Espíritu mediante Su Palabra, Jesús destruyó la enfermedad y el pecado que los ataba y les hizo libres tanto en cuerpo como en alma, elevándolos en unión y comunión consigo mismo y con Dios Padre. Sí, bendito sea Dios, por el Espíritu Santo que mora en las almas de los hombres, Cristo se propuso otorgar a la humanidad las mismas condiciones de Su propia vida y Su ser, y dar al hombre, mediante los dones del Espíritu y el don del Espíritu, el mismo ministerio bendito al mundo que Él mismo había disfrutado y ejercitado.

El viejo canto que solíamos cantar se volvió nuevo para mi corazón. Su melodía resuena en mi alma:

Salvación, oh, el alegre sonido,
Al oído del creyente
Alivia nuestras preocupaciones, sana nuestras heridas
Y echa fuera nuestro temor.

Y mucho más, bendito sea Dios.

Entonces pude entender lo que había en el corazón de Charles Wesley cuando escribió su famoso himno, "Cristo, Amante de mi alma", y escribió su clímax, esos maravillosos versos:

Tú, oh Cristo, eres lo único que quiero
Más que todo en Ti encuentro;
Levanta al caído, anima al débil,
Sana al enfermo y guía al ciego.

Justo y santo tu nombre es;
Yo soy todo injusticia;
Vil y lleno de pecado estoy.
Lleno de verdad y gracia Tú estás.

Plena gracia en ti es hallada;
Gracia para cubrir todo mi pecado.
Deja que fluya el río de sanidad;
Que me haga y me mantenga puro.

Eres tú la fuente de vida;
Déjame beber de ti libremente.
Crece dentro de mi corazón;
Para contigo estar la eternidad.

Lo mismo estaba en el espíritu de Isaías cuando, en el hermoso capítulo 35 su exultante alma explota en el grito de alabanza:

> *Dios mismo vendrá, y os salvará. Entonces los ojos de los ciegos serán abiertos, y los oídos de los sordos se abrirán. Entonces el cojo saltará como un ciervo, y cantará la lengua del mudo; porque aguas serán cavadas en el desierto, y torrentes en la soledad.* (Isaías 35:4–6)

Yo pude entender la emoción que debió de haber movido a David cuando cantó:

> *Bendice, alma mía, a Jehová, y no olvides ninguno de sus beneficios. El es quien perdona todas tus iniquidades, el que sana todas tus dolencias.* (Salmo 103:2–3)

La visión que ha causado gritos de alabanza de las almas de los hombres en todas las épocas es la misma visión que aviva sus corazones y el mío en la actualidad. Esa visión magnifica la divina realidad de la salvación de Jesucristo mediante la cual la grandeza del propósito de Dios se revela a la humanidad por el Espíritu de Aquel que vive. El hombre se ve a sí mismo transformado, elevado y unido con el Cristo vivo por medio del Espíritu Santo, de modo que todas las partes, energías y funciones de la naturaleza de Jesucristo son reveladas por medio del hombre para la salvación del mundo. Bendito sea Dios.

La visión de la relación de Dios con el hombre y de la relación del hombre con Dios está cambiando el carácter del cristianismo de ser un lloriqueante rastrero, que gime y recorre su camino con lágrimas, al reconocimiento de la unión y comunión con el Hijo del Dios vivo. Sí, bendito sea Dios, al reconocimiento del verdadero acto que la Palabra de Dios retrata de manera tan gráfica en la lección que yo leí: "*Porque convenía a aquel por cuya causa son todas las cosas, y por quien todas las cosas subsisten, que habiendo de llevar muchos hijos a la gloria* [no un hijo en el mundo, si no llevar muchos hijos al mundo], *perfeccionase por aflicciones al autor de la salvación de ellos*" (Hebreos 2:10). Bendito sea Dios.

Estoy contento, bendito sea Dios, de que las Escrituras nos hayan honrado con el maravilloso título de "hijos de Dios". Estoy contento de que haya una relación con un "hijo de Dios" y que, por Su gracia, el alma limpiada—limpiada por la preciosa sangre de Jesucristo, llena y vigorizada por Su propio Espíritu—también se haya convertido en rey de Dios, caballero de Dios en obras y en verdad, por la gracia de Dios.

El Espíritu del Señor dice en el interior de mi alma que la naturaleza real del Hijo de Dios ha de revelarse en la naturaleza de cada hombre, para que la realeza de Cristo pueda prevalecer en todo el mundo y gobernar los corazones de la humanidad, así como gobierna los corazones de aquellos que le conocen a Él y han entrado en Su gloria.

EL TESTIMONIO DE UN JOVEN

Escuché el testimonio de este joven el viernes en la noche con emoción en mi alma. Quiero relatarles lo que Dios ha hecho en él y para él.

> No sé si puedo contarlo todo o no. Estoy seguro de que hay una buena parte que no puedo contar.
>
> Cuando yo era un muchacho de unos catorce años, me vi obligado a trabajar en las minas, y trabajaba mucho en el agua, lo cual me causó reumatismo. Estuve paralítico durante años en mi juventud, y gradualmente mi situación empeoró. Podía caminar pero los demás no podían evitar observar donde me encontraba afligido. Era en las caderas y la espalda.
>
> Muchos médicos me dijeron que no había alivio para mí. Cuando llegue aquí a Spokane y estaba haciendo cualquier cosa, no podía agacharme. Cuando se me caía el pico con la pala, tenía que recogerlos con mis pies y alcanzarlos desde allí con mis manos.

Llegué a esta reunión el otoño pasado, y con una oración del hermano Lake fui sanado de reumatismo en treinta minutos, lo cual había sido una tortura constante para mí durante años.

Más adelante, contraje tuberculosis y fui examinado por el médico del condado, el Dr. Stutz, quien me aconsejó que lo mejor era ir a Edgecliff [un sanatorio, unas instalaciones de largo tratamiento médico en el condado de Spokane]. También, otros médicos me dijeron que yo estaba muy mal, y no creían que pudiera vivir más de seis u ocho meses a menos que fuese allí cuanto antes.

Tome la misma medicina que antes: Fui a las salas de sanidad[7] para recibir oración. El hermano Peterson también oró por mí. Tres semanas después fui al Dr. Stutz, y él no pudo encontrar rastro alguno de tuberculosis. He engordado varios kilos, y nunca me he sentido mejor en toda mi vida.

Esa es una historia sencilla, ¿no es cierto? Pero esa historia revela el asunto que probablemente haya causado más debate en la vida cristiana que casi ningún otro, y del cual el mundo entiende poco. Esta historia muestra que el Espíritu de Dios es una fuerza viviente que toma posesión de la naturaleza del

[7] Para más información sobre las salas de sanidad y para localizar ministerios actuales y continuados, visite http://healingrooms.com.

hombre y obra en el hombre la voluntad de Dios; y la voluntad de Dios es siempre hacer al hombre semejante a Él mismo. Bendito sea Su precioso nombre.

Sería ciertamente un mundo extraño y una salvación extraña si Jesús no pudiera producir de toda la raza humana un hombre a Su propia imagen, a Su propia semejanza, y según Su propio carácter. Pensaríamos que la salvación era débil, ¿no es así?

Si en el mundo no hubiera otra cosa que paralíticos, como así es en gran parte—paralíticos del alma, paralíticos físicos, paralíticos mentales por todas partes—, entonces yo quiero saber qué tipo de concepto ha recibido el mundo de la divinidad de Jesucristo, del poder de Su salvación. ¿Acaso no hay esperanza, no hay modo de salir de la dificultad, no hay ninguna fuerza que pueda elevar el alma del hombre a la unión con Dios de modo que, una vez más, la vida de Dios esté presente en sus miembros?

Nuestro propósito, por la gracia de Dios, es revelar al mundo cuál es la verdadera verdad, propósito y poder de la salvación del Señor Jesucristo. Mi alma se regocija cada vez que veo a un hombre hecho libre, porque puedo decir con todo mi corazón: "Aquí está un testigo más del divino hecho de que el Cristo de Dios es un poder vivo y toma posesión de la naturaleza del hombre y transforma el ser del hombre a Su propia imagen".

El mero hecho de la liberación de nuestro hermano del sufrimiento y la incapacidad de valerse por sí mismo, al igual que de una muerte prematura, es un asunto muy pequeño en sí mismo comparado con la maravilla que nos revela. La revelación del poder de Dios según la indicación del hombre para ser aplicado para la destrucción del mal—ya sea espiritual o físico, mental o psicológico—nos muestra el propósito y el deseo de Cristo de llevar al hombre, por la gracia de Dios, una vez más a Su estado celestial, donde él se reconoce a sí mismo como hijo de Dios. Bendito sea Su nombre.

Hace años yo me encontraba como mi hermano, pero con una parálisis peor que la de él. Cuando mis piernas se deformaron y mi cuerpo también debido a la maldición del reumatismo, mi pastor dijo: "Hermano, estás glorificando a Dios".

Y mi iglesia dijo: "Hermano, sea paciente y sopórtelo. Deje que la dulzura del Señor posea su alma". Y yo lo creí así durante mucho tiempo hasta que un día descubrí que aquello no era la voluntad de Dios en absoluto, sino la voluntad del sucio y retorcido diablo que quería hacerme semejante a él. Y entonces, bendito sea Dios, todo cambió. Dejé todo a un lado y fui a Chicago, al único lugar donde yo sabía que un hombre podía ser sanado. Fui al Hogar de Sanidad Divina de John Alexander Dowie, en las calles 12 y Michigan, y un viejo hombre de pelo canoso se acercó a mí y me impuso sus manos. El poder de Dios atravesó mi ser y enderezó mis piernas, y salí caminando a la calle como un cristiano

¿Saben que cuando mis piernas se enderezaron eso me enseñó el comienzo de una de las lecciones más profundas que llegaron jamás a mi vida? Me enseñó que Dios no aprecia a un hombre con piernas torcidas más de lo que aprecia a un hombre con el alma torcida. Vi el abundante poder del evangelio de la salvación, y que estaba a disposición del hombre para eliminar toda falta de semejanza a Cristo de su vida; si había falta de semejanza a Cristo en su cuerpo, él podía librarse de la maldición acudiendo a Dios y siendo sanado. Hay tanta falta de semejanza a Cristo en los cuerpos de los hombres como la hay en las almas de los hombres. Aquello que hay en la vida interior también será revelado en la vida exterior. Aquello que es un hecho en las esferas mental y psicológica se convertirá en un hecho también en la física. Y, bendito sea Dios, aquello que es el divino hecho de todos los hechos, que el espíritu del hombre y el Espíritu de Dios son de una sustancia y una naturaleza, será revelado a medida que su mente y su cuerpo adopten el poder espiritual impartido hasta que también ellos lleguen a ser semejantes a Cristo. Bendito sea Su santo nombre.

El Espíritu del Señor habla en el interior de mi alma y dice:

> En el aliento de cada hombre está la imagen divina del Dios vivo, a cuya imagen y semejanza fue creado. El pecado es una perversión y la enfermedad una impostora, y la gracia y el poder de Dios mediante el Espíritu Santo liberan al

hombre de toda atadura de oscuridad. El hombre en toda su naturaleza se eleva entonces en unión y comunión con Dios y se convierte en uno con Él en el sentido más verdadero: en los pensamientos de Dios, en las aspiraciones de Dios, uno en el Espíritu de Jesucristo como el Salvador del hombre. Y el hombre entonces se da a sí mismo a los demás como un salvador elevándolos, por la gracia de Dios, al "*Cordero de Dios, que quita el pecado del mundo*" (Juan 1:29).

Bendito sea Su santo nombre.

Frederick William Faber escribió las palabras de este himno en 1862:

Almas de los hombres, ¿por qué se dispersan
como multitud de asustadas ovejas?
Necios corazones, ¿por qué se alejan
de un amor tan verdadero y profundo?

¿Hubo nunca un Pastor más bueno,
la mitad de amable, la mitad de dulce,
Como el Salvador que nos hace
acudir y reunirnos a sus pies?

En la misericordia de Dios hay una anchura,
como la anchura del mar:
Hay una bondad en Su justicia,
Que es más que libertad.

No hay lugar donde las penas de la tierra
Se sientan más que en el cielo;

No hay lugar donde a los fracasos de la tierra
se les dé un juicio menos severo.

Hay acogida para el pecador,
Y más gracia para el bueno;
Hay misericordia en El Salvador;
Hay sanidad en Su sangre.

Hay abundante redención
En la sangre derramada.
Hay gozo para todos los miembros
En las tristezas de la Cabeza.

Porque el amor de Dios es más ancho
Que la medida de la mente del hombre
Y el corazón del Eterno
Es maravillosamente tierno.

Pero estrechamos demasiado Su amor
Por nuestros falsos límites propios,
Y agrandamos su severidad
Con un celo que Él no posee.

Mustias almas, acérquense a Jesús,
Y vengan sin dudar,
Pero con fe que confía con valentía
En Su gran ternura por nosotros.

Si nuestro amor fuese más sencillo,
Debiéramos creer Su palabra;
Y nuestras vidas serían todo brillo
En la dulzura de nuestro Señor.

Por tanto, permanecen las realidades divinas: la realidad de Dios, un poder vivo; la ayuda divina; la naturaleza celestial de todo aquel que entra por el Espíritu por la puerta, Cristo Jesús, a una experiencia viva. El hombre que duda es el hombre que está fuera. El hombre en el interior no tiene preguntas que zanjar como las que tiene el alma que nunca ha estado en contacto con Su vida y Su poder. Pero Cristo invita a la humanidad a entrar con Él en el conocimiento divino y la unión celestial que hace que el espíritu del hombre y el Espíritu de Dios sean uno en hecho y en verdad. ¡Bendito sea Dios!

El hombre es la realidad más divina que Dios ha dado en Su gran creación. El hombre a imagen de Dios, el hombre renovado por la vida de Dios, lleno del Espíritu Santo, revelando y transmitiendo por el Espíritu vivo, transformado tal como Él fue transformado. Bendito sea Su nombre.

Dios nos ha hecho en el sentido más verdadero y más alto participantes y colaboradores de nuestro Señor y Salvador Jesucristo. Él no ha retirado del hombre ni una sola posibilidad de las que fueron manifestadas en Jesús. Por el contrario, Él invita a la humanidad a salir en la dignidad y el poder de hijos de Dios y, en Cristo y con Cristo, unirse a la preciosa maravilla de la salvación del mundo del pecado, la enfermedad y el poder de la muerte, la oscuridad y el infierno. Bendito sea Dios.

La salvación, para mi corazón, es la gloriosa realidad de Cristo. Una noche, bajo un árbol en Canadá, me arrodillé y derramé mi corazón a Dios, y le pedí que por Su gracia tomase posesión de mi vida y mi naturaleza, me hiciese un hombre cristiano y me permitiese conocer el poder de Su salvación. Así, Cristo nació en mi alma. El gozo de Dios poseyó mi corazón de tal manera, que durante los meses siguientes las hojas de los árboles parecían bailar y los pájaros parecían entonar un nuevo canto. Bendito sea Su nombre.

La dificultad con la iglesia ha sido que las personas son inducidas a confesar sus pecados a Cristo y reconocerle como Salvador, y ahí se detienen. Ahí se estancan, ahí se secan y ahí mueren. Yo creo que en esas frases que expresado el verdadero estado que se ha producido en el ochenta y cinco por ciento de los cristianos profesantes en el mundo. Oh, bendito Dios, ¡nunca vimos en la intención de Cristo que la salvación ha de ser un crecimiento progresivo desde el momento de ser nacidos de nuevo! (véase Filipenses 2:12–13).

Aquel día, hace mucho tiempo, cuando la luz de Dios brilló por primera vez en mi alma, fue un glorioso día, el mejor que yo hubiera conocido hasta ese momento. Pero, amados, sería muy triste en mi vida si yo me viera obligado a mirar atrás a ese día como el mejor de todos. No, bendito sea Dios, hubo mejores días que ese. Dos días en que el Señor me dio Su confianza y reveló Su naturaleza, reveló Su propósito, reveló Su amor y reveló Su ministerio. Sí, bendito sea Dios, hubo un día en que Dios, una vez más, en Su infinita misericordia, me otorgó el Espíritu de Dios para ser y hacer las cosas que Él había plantado en mi alma y había revelado en Su bendita Palabra y vida.

Les invito a esta vida de realidad divina. Les invito a entrar en el Señor Jesús. Les invito a entrar en Su naturaleza a fin de que puedan conocerle, porque *"nadie puede llamar a Jesús Señor, sino por el Espíritu Santo"* (1 Corintios 12:3). Mediante la revelación del Espíritu de Cristo en el alma del hombre es como él tiene el privilegio de conocer a Jesús como el Señor. Bendito sea Dios. Podemos conocerle como un personaje de la historia; podemos conocerle como el hombre ideal; podemos conocerle como el Cristo y el Salvador. Pero no le conocemos como el Dios viviente que nos imparte Su propia naturaleza, y vida, y poder hasta que le conocemos a Él, como dice la Escritura, en el Espíritu Santo. ¡Bendito sea Dios!

La persona que ha sentido que la vida religiosa era un sueño, o algo abstracto en lo que era muy difícil poner las manos, una condición intangible, ha estado equivocada. Bendigo a Dios. En el seno del Dios viviente están las realidades divinas de Dios que llenan y emocionan el alma de cada receptor de la vida del Señor Jesús.

Y el Espíritu del Señor una vez más habla dentro de mi corazón y dice:

> Los gozos de Dios, las glorias del cielo y el entendimiento de la existencia angélica y su ser son

conocidos sólo para aquel que tiene el privilegio en su conciencia de entrar en esta vida y esa esfera. Dios, por Su gracia, se ha propuesto que el hombre, en su naturaleza y conciencia, viva en unión y comunión con nuestro Dios Padre y con el Señor Jesucristo Su Hijo. Entraremos en la innumerable compañía de los ángeles y la presencia de hombres justos hechos perfectos, y conoceremos el poder y la maravilla de la sangre de Jesús que habla mejores cosas que la sangre de Abel (véase Hebreos 12:22–24).

Tal como Jesús fue el Profeta de todos los profetas, debido a lo completo de la unión de Su naturaleza con Dios, el hombre, a su vez, se convierte en el profeta de profetas cuando su espíritu se une con el Espíritu del Divino. Ese hombre se convierte en el amante de todos los amantes, al igual que Jesucristo fue el amante de todos los hombres, emocionando a los hombres con la intensidad de Su afecto en la unión de espíritu con Él mismo, uniéndolos por el amor de Su naturaleza como esclavos de Cristo para siempre.

Así, el cristiano atrae hacia sí mismo el amor de los hombres, no porque él lo desee servilmente, sino debido al hecho de que obedece la ley divina de Cristo:

> *Dad, y se os dará; medida buena, apretada, remecida y rebosando darán en vuestro regazo.*
> (Lucas 6:38)

Bendito sea Dios.

Quiero decirles que esta pequeña iglesia es una de las más amadas de todas las iglesias en todo el mundo. Quiero decirles que más corazones hambrientos acuden anhelantes hacia este pequeño grupo de personas que a cualquier otro grupo de adoradores en el país. ¿Por qué? Ellos han oído que Dios está aquí, y el anhelo de la naturaleza del hombre por conocer a Dios hace que vuelvan sus corazones y sus rostros hacia la fuente de la bendición celestial. ¿Se la daremos, o les defraudaremos? ¿Recibirán ellos la bendición de Dios mediante nuestros corazones, o se irán con hambre e insatisfacción? Sí, sé cuál es su respuesta, porque conozco la respuesta del Espíritu: "*Dad, y se os dará*". Bendito sea Dios.

El mayor dador es quien más recibe. Aquel que más da, más recibe; es la ley divina de Dios. Lo contrario a la ley de Dios siempre se evidencia en el alma del hombre como egoísmo. Siempre quiere obtener, siempre obtener, siempre obtener, hasta que la naturaleza se contrae, el rostro se distorsiona, el cerebro disminuye y la vida que Dios dio para que fuese abundante se convierte en una abominación que los hombres se ven obligados a soportar.

Capítulo 29

Manifestaciones notables del Espíritu en Sudáfrica

Sermón

Mientras ministraba en Johannesburgo, Sudáfrica, recibí una invitación para predicar en la ciudad de Pretoria, Transvaal. Por tanto, se organizaron una serie de reuniones. Era mi primera visita a Pretoria, y la congregación a quien ministraba me era desconocida. Estaba en casa de un hombre, en la calle Hamilton. Llegué aproximadamente a las tres de la tarde, y sobre las 4:30 un caballero llamó y preguntó a la señora si había en su casa un estadounidense extranjero.

Ella respondió: "Sí, el reverendo Lake acaba de llegar esta tarde desde Johannesburgo". Ella le dijo que yo era estadounidense y que recientemente había llegado a África. Él pidió una entrevista.

En el curso de esa entrevista él me dijo que había sido secretario del Dr. Leyds y Secretario de Estado suplente para el antiguo gobierno de Transvaal bajo Paul Kruger, el último presidente holandés de la República de Transvaal. Me dijo que cuando terminó la guerra Boer, debido a lo que él consideraba lealtad a la causa a la que había representado, se negó a firmar el acuerdo que reconocía la autoridad de los británicos y, como consecuencia, le habían puesto en la lista negra tachándolo de incorregible.

Eso había evitado que tuviera un empleo. Su familia había sido enviada a Europa durante la guerra y él no tenía dinero para que regresaran. Todas sus propiedades y su dinero habían ido a la causa de los Boer, y él era pobre. No tenía ropa adecuada que ponerse ni alimento que comer a veces. Dijo que, a pesar de esas condiciones, su alma estaba consumida con los problemas de estado y el deseo de mejorar las condiciones del pueblo Boer y ver a la gente recuperar la felicidad. En la agonía de su alma había tenido el hábito de irse al monte para orar. Después de varios meses de esa práctica, el Señor le reveló que un día iba a llegar una gran liberación: que llegaría un hombre a Pretoria desde los Estados Unidos en cierta fecha, y se le podría encontrar en el número 75 de la calle Hamilton, a las 4:30 de la tarde.

Él dijo: "Hoy es la fecha, y he venido en respuesta a la dirección del Espíritu tal como la recibí". Me dio la bienvenida como a un mensajero del Señor y procedió a darme los detalles de la revelación tal como la había recibido. Su revelación incluía cambios políticos que iban a suceder, una revolución religiosa que surgiría de mi trabajo, y muchos acontecimientos de importancia nacional que se convirtieron en hechos históricos durante los años siguientes.

Él también me dio una profecía detallada de la guerra europea y el papel de los británicos en ella. Esto fue en agosto de 1908.

Solamente después de haber sido testigo de ver suceder un evento tras otro fue cuando quedé profundamente impresionado por el verdadero significado de su revelación. Él me dijo que la reunión que yo estaba a punto de realizar en Pretoria estaría marcada por extraordinarias manifestaciones del Espíritu, que esas manifestaciones del Espíritu dejarían una profunda impresión de la majestad y el poder de Dios en las mentes de las personas de Sudáfrica y crearían estímulos de fe en Dios en todo el mundo en años posteriores.

Nuestra reunión comenzó en una iglesia en la calle Kerk en Pretoria el jueves en la noche. Al final del primer servicio, el Espíritu de Dios se manifestó profundamente en las personas. El viernes por la tarde cuando nos reunimos, el Espíritu de Dios siguió obrando de modo poderoso en las personas. Muchos acudieron a Dios y confesaron sus pecados; otros que ya eran cristianos buscaron a Dios con profunda sinceridad para tener el verdadero y santificador poder de Dios en sus vidas. Algunos fueron bautizados en el Espíritu Santo, y su bautismo fue marcado por hablar en lenguas bajo el poder del Espíritu y la interpretación de esos mensajes por el Espíritu, y también por benditas sanidades de personas muy enfermas.

Las reuniones continuaron prácticamente sin interrupción desde entonces hasta el miércoles siguiente a las tres de la tarde. Cada servicio marcó un firme aumento en la presencia y el poder de Dios.

El sábado en la noche, la iglesia estaba llena. Todo el espacio disponible estaba ocupado por hombres que estaban de pie hombro con hombro. La mayoría de los que estaban de pie eran hombres del club Tattersall Racing. La mayoría de ellos eran judíos. Entre ellos se incluían caballistas de todas clases: corredores de apuestas, jinetes, obreros de los establos, jugadores en los hipódromos, etc.

Yo estaba predicando sobre el tema del poder de Dios, y en un fuerte espíritu me esforzaba por demostrar que Jesucristo es el mismo ayer, hoy y por los siglos, que Su poder es tan grande como fue siempre, y que la única cualificación necesaria para tocar a Dios es la fe en Él. La audiencia fue muy conmovida.

En ese punto, observé que un caballero con dos señoras se esforzaban por abrirse paso entre las multitudes que estaban de pie en los pasillos. Pedí a la multitud que hiciese lugar, si era posible, y permitirse que las señoras pudieran pasar, y traté de conseguir algún espacio para que pudieran sentarse en los escalones de la plataforma. A medida que se acercaban, observé que una de las señoras tenía sus brazos totalmente rígidos y no los movía en absoluto. Por instinto, supe al momento que ella tenía parálisis reumática. Cuando ella se acercaba a mí, dije: "¿Por qué razón no mueve usted sus brazos?".

Ella respondió: "Mis hombros están rígidos por el reuma".

Yo dije: "¿Cuánto tiempo han estado así?".

Ella respondió: "Diez años". Yo pregunté si había sido tratada por médicos y ella contestó: "En tres hospitales me han dejado como un caso incurable".

Yo dije: "¿Qué hospitales?".

Ella respondió: "Kimberly, Johannesburgo y Pretoria".

Entonces me dirigí al caballero que la acompañaba y dije: "¿Conoce usted a esta señora?".

Él dijo: "Sí. Es mi cuñada".

Yo dije: "¿Sabe usted si su historia es correcta?".

Él dijo: "Totalmente". Y le pregunté a ella por qué había venido, y ella contestó: "He venido con la esperanza de que el Señor me sane".

Yo pregunté: "¿Le gustaría que yo orase por usted para que sea sanada?".

Ella dijo: "Sí".

Entonces, dirigiéndome a la ruidosa multitud de hombres que había en los pasillos y al lado de las puertas, dije: “Ustedes nunca vieron a Jesús sanar a una persona en su vida. No conocen nada sobre este tema. Nunca han sido testigos de una demostración del poder de Dios y, por tanto, deberían ser lo suficientemente considerados para mantener silencio, confesar su ignorancia de tales asuntos y aprender. Esto es lo que quiero. Escojan a dos personas del grupo para que se acerquen y examinen a esta mujer, y vean si sus brazos están rígidos tal como ella afirma”.

Esperé a que ellos eligieran, y dos hombres se acercaron. He olvidado del nombre de uno de los hombres en este momento, pero el nombre del otro era Sr. Mulluck, un barbero, un caballero muy inteligente. Su tienda estaba en el edificio del mercado. Después me enteré de que él era estadounidense.

Ellos examinaron cuidadosamente a la señora y vieron que sus brazos estaban inmóviles, tal como ella había dicho. Dirigiéndose a ellos, dije: “¿Han terminado su examen y están de acuerdo en que su estado es tal como ella afirmó?”.

Ellos dijeron: “Sí”.

Yo dije: “Entonces, apártense un poco porque voy a orar por esta mujer para que el Señor la sane”. Poniendo mis manos sobre los hombros de ella, ordené en el nombre del Señor Jesucristo, el Hijo de Dios, que ese diablo reumático que ataba a la mujer saliera, y en el nombre de Cristo le ordené que se fuera, reprendiéndolo con toda la energía de mi alma. El poder de Dios recorrió mi cuerpo como si fuera un incendio hasta que la cara de la mujer se llenó de sudor. Entonces, tomándola de las manos, dije: "En el nombre de Jesucristo, suba sus brazos". El brazo derecho subió. Entonces dije: "En el nombre de Jesús, suba también el otro". Ella obedeció al instante, y sus brazos quedaron libres.

Cuando yo movía el brazo de ella, haciendo rotar el hombro, noté que la articulación rechinaba. Dirigiéndose a los hombres que la habían examinado, dije: "Ustedes nunca han oído una articulación seca en su vida. Acérquense y pongan su oreja en la espalda de esta mujer mientras yo hago que mueva el brazo". Cuando ellos lo hicieron y yo moví el brazo, las articulaciones de los hombros rechinaban. El líquido no había vuelto aún a las articulaciones.

Por la alegría que tenía la mujer, levantó sus manos y alabó a Dios, y comenzó a dirigirse hacia la puerta. La multitud le abrió camino y ella desapareció, y yo no volví a verla durante varios meses.

Otra señora se acercó diciendo: "Me gustaría que usted orase por mí". Yo le pregunté cuál era el problema pero ella no contestó. Incline mi cabeza diciendo: "Jesús, muéstrame cuál es el problema con esta mujer". Al instante, el Espíritu movió mi mano por el cuerpo de ella desde la garganta hasta el estómago, y oré por ella. Ella me dio las gracias y se sentó.

Más adelante, me enteré de que su nombre era Sra. Ulyate y que tenía cáncer de estómago. Le dije: "Cuando usted paso para orar, ¿por qué no me dijo cuál era su problema?".

Ella dijo: "Tenía dudas de si usted sería un verdadero hombre de Dios o no, así que me dije: 'Si lo es, entonces el Señor se lo mostrará y yo no tendré que decirle qué me pasa'". Ella fue totalmente sanada. La visité en su casa y disfruté de la compañía de la familia durante los años posteriores.

Más adelante, su hijo, un hombre de veinte años, fue sanado de sordera total en un oído, como resultado de que el tímpano hubiera quedado totalmente destrozado en una operación. Su sanidad fue instantánea.

La familia Jabber

El domingo en la mañana, a medida que avanzaba el servicio, un destacado caballero, que era empleado del gobierno, llegó a la reunión, un tal Sr. Jabber, hombre de gran estatura. Cuando entro en la iglesia, el Espíritu del Señor cayó sobre él mientras iba andando por el pasillo y cayó postrado al piso. Varios de sus hijos estaban presentes entre la audiencia, y la Sra. Jabber, su esposa, estaba dirigiendo el coro.

La madre, la hija y los hijos se acercaron desde sus lugares en la audiencia y se arrodillaron reverentemente en un semicírculo alrededor de él mientras la audiencia seguía en oración en silencio. El Espíritu del Señor trató con él maravillosamente, revelándole sus pecados y a Cristo para salvación.

De hecho, el Espíritu cayó sobre uno de los hijos, quien se postró al lado del padre; después sobre otro y otro, hasta que la familia completa estaba postrada bajo el poder de Dios. Cuando el Espíritu del Señor se hubo alejado en cierto modo de ellos, aquellos hijos confesaron su desobediencia a sus padres y a Dios. Y toda la familia quedó arrodillada y abrazada los unos a los otros, conmovida por la ternura de la presencia y el poder de Dios. La confesión y el arrepentimiento por parte de cada uno de ellos hizo que toda la familia fuese una sola alma. Las palabras son un medio pobre para describir un acontecimiento como ese. Tendría que verse para entenderse. La ternura y la presencia consciente de Dios y el conmovedor poder del Espíritu solamente podría haberlo entendido alguien que lo hubiera visto. Ninguna palabra puede relatar la historia.

A pesar de las numerosas manifestaciones del Espíritu, yo estaba ansioso de que la verdadera obra del Espíritu de Dios eliminase todo carácter de prejuicios denominacionales y esos elementos de la naturaleza del hombre que evitan que ame y sirva a Dios con la amplitud de la belleza y la gracia de la caridad cristiana; todo eso debería ser totalmente apartado de los corazones de las personas.

UN CORO POSTRADO

Mientras yo predicaba durante la tarde, el Espíritu cayó sobre una joven, la señorita Jabber, una prima de la familia anteriormente mencionada. Ella cayó desde su silla postrada sobre el piso, donde permaneció durante un tiempo considerable. El joven caballero que la acompañaba, y que se arrodilló reverentemente a su lado cuando ella se postró, fue atraído por el deseo que ella tenía de hablarle. Ella le dijo: "Envíe al Sr. Lake aquí". Yo dejé de predicar y fui donde ella estaba, y le pregunté que quería. Ella dijo: "Jesús vino y habló conmigo, y me dijo que le dijera al Sr. Lake que no se desaliente, que el poder de Dios caerá poderosamente sobre esta reunión en esta noche".

Aproximadamente a las cuatro en punto de la tarde, dejé el servicio y me fui a casa a descansar. Había estado de pie sin descanso y sin dormir durante lo que me parecía que no podía alargarse ya más. Me tumbé para descansar, diciendo: "Despiértenme a las

7:30 para el servicio de la noche". Me quedé profundamente dormido, y cuando llegaron las 7:30 la familia razonó que yo estaba agotado y que sería una lástima despertarme, y que se esforzarían por llevar a cabo el servicio de la noche sin mi ayuda.

Sin embargo, me desperté a las ocho y me apresuré a ir a la iglesia. Cuando llegué, descubrí que, en vista de mi ausencia, el servicio estaba siendo dirigido en su anterior manera formal en lugar de ser el servicio de carácter abierto que habíamos estado teniendo. Un aire de formalidad inundaba el lugar. Los miembros del coro, unas treinta personas, estaban en sus lugares, incluyendo el organista, el pianista y el director. El lugar del coro estaba organizado en diferentes alturas, de modo que cada fila de cantantes se sentaba por encima de la anterior. Las sillas del coro estaban unidas en secciones pero no estaban sujetas al piso.

Cuando yo llegué a la reunión, el pastor que estaba a cargo me invitó a predicar en su lugar. Mientras predicaba, mi espíritu estaba molesto por el extremo aire de formalidad que había en la reunión, y en mi alma yo seguía orando: "Dios, haz algo con este coro. Haz algo para romper la formalidad de este servicio, de modo que pueda haber libertad del Espíritu, de modo que los corazones de los pecadores se conmuevan, de modo que el poder de Dios descienda sobre la reunión y caiga el bautismo del Espíritu".

A medida que continuaba esa oración de mi alma, el Espíritu del Señor habló de repente en mi interior, diciendo: "Sigue con tu servicio. Yo me ocuparé del corro".

La unción del Espíritu cayó sobre mí, y hablé con una gran libertad en el Señor. Pronto estuve tan perdido en el Espíritu de que me olvidé por completo del coro, y la formalidad del servicio desapareció por completo. Prediqué hasta las diez en punto, cuando me bajé de la plataforma y me arrodillé en el piso de la iglesia para orar. Un inusual espíritu de oración cayó sobre mí, y la carga fue tan intensa que me hizo derramar mi alma ante Dios de manera distinta a lo ordinario. Mientras yo oraba, el Espíritu seguía tocándome profundamente hasta que ya no pude seguir hablando en inglés, y el Espíritu me hizo orar en lenguas. En tales ocasiones, el Espíritu del Señor me daba la interpretación de la oración en inglés, la cual seguía inmediatamente a la oración en lenguas.

Yo estaba inmerso en la oración pero era consciente de que había un considerable ruido. No levanté mi cabeza ni abrí mis ojos hasta que la carga de oración fue quitada de mi alma; cuando levanté la vista, para sorpresa mía, la audiencia estaba de pie, y en la parte trasera muchos estaban de pie sobre sus asientos, y todos miraban hacia el lugar del coro.

Cuando me volví hacia el coro, vi que el Espíritu del Señor había caído sobre el coro, y casi cada uno de ellos estaba postrado bajo el poder del Espíritu. Cuando cayeron de sus asientos, empujaron las sillas de la fila hacia adelante, de modo que las patas delanteras de las sillas se cayeron por el borde de la estrecha plataforma. Toda la fila de sillas había caído boca abajo sobre los que ya habían caído postrados delante.

Los diáconos de la iglesia se acercaron y quitaron todo lo rápidamente posible las sillas de encima de los que estaban postrados. Los incrédulos que había en el lugar quedaron sorprendidos y asustados ante esa manifestación; se levantaron y se dirigieron hacia la puerta. Yo indiqué al portero que cerrase la puerta con llave y no permitiese a nadie entrar. La reverencia de Dios inundó el lugar. Yo sentí que no era el momento de que hubiera incrédulos presentes. Dios quería tratar con la iglesia.

Yo bajé y me senté en la audiencia. Seguimos en silencio total en oración durante algún tiempo. Entonces, una tras otra de las personas que estaban postradas comenzaron a orar y confesar su alejamiento y su pecado a Dios. Parecía haber una sola pasión en sus almas: confesar a Dios la carga de su incredulidad, de su pecado, de su alejamiento, y clamar a Dios pidiendo perdón, restauración y poder para vencer. Cuando un alma confesaba y oraba así hasta entrar en la presencia de Dios, el Espíritu del Señor se alejaba, y podía levantarse. Cuando lo hacía, estaba en un estado mental totalmente normal, a excepción de que entendía poderosamente la reverencia de la presencia y el poder de Dios.

Muchos se sentaban y lloraban; otros cantaban de alegría, y muchos fueron bautizados en el Espíritu Santo. Un joven entre los tenores seguía postrado en la plataforma más baja. Cerca de él estaba su novia, una joven que era miembro de la iglesia. Al igual que los demás, él derramaba su corazón en confesión a Dios, y a ella, hablando de sus pecados en particular, que eran muchos y viles. Esposos confesaban a sus esposas y esposas a sus esposos, hijos a sus padres, novios a novias, y todos a Dios.

El pianista, el Sr. Braun, estuvo postrado al lado de la banqueta del piano posiblemente durante una hora, indefenso y sin poder hablar, a medida que el Espíritu de Dios obraba en él.

Yo regresé a mi asiento, y una media hora después, él comenzó a derramar su corazón a Dios. Cuando terminó, me indicó que me acercase. Cuando llegué donde él estaba, me dijo: "Diga a mi esposa que venga". Yo fui hasta la parte trasera donde estaba su esposa llorando, y la acompañe hasta donde él estaba. Ella se arrodilló a su lado; él la abrazó y confesó que durante tres años había estado viviendo en adulterio. Lloraron juntos durante horas. Dios hizo una obra tan poderosa en ellos que, a las tres o las cuatro de la madrugada regresaron a su hogar alabando juntos a Dios.

Al día siguiente a las diez en punto, él me llamó para decirme que el Señor les había bautizado, a él y a su esposa, en el Espíritu Santo y que cuando fueron bautizados el Espíritu de Dios cayó sobre ambos y les hizo hablar en lenguas y alabar a Dios en un espíritu de profecía. Su alma resplandecía.

Él dijo: "Cuando usted oró por mí anoche, ¿por qué puso sus manos sobre mi pecho?".

Yo respondí: "No lo sé. Simplemente obedecí el impulso del Espíritu".

Él preguntó: "¿Sabía usted que yo estaba enfermo y necesitaba sanidad?".

Yo dije: "No, no lo sabía".

Él dijo: "Bien, quiero mostrarle lo que el Señor ha hecho". Y se abrió su ropa y me mostró un cáncer en su pecho, diciendo: "Hace tres años cuando comencé mi relación de adulterio, apareció este cáncer en mi cuerpo unos días después. Me he esforzado por ocultarlo a todos. Ni siquiera mi esposa conocía su existencia; nadie a excepción de mi médico lo sabía. Pero mire ahora. ¿Ve cómo el poder de Dios lo ha secado?". Se había vuelto marrón oscuro como si hubiera sido quemado, y unos días después desapareció totalmente.

Entre otras cosas, el Espíritu del Señor dirigió al Sr. Braun a hacer restitución a personas con las que había tratado de modo deshonesto en diferentes ocasiones. Una que recuerdo en especial fue esta: el gobierno le había empleado como ingeniero civil pagándole un salario mensual. Él había tenido el hábito a intervalos de rellenar un informe diciendo que estaba enfermo y que no podía atender a sus obligaciones, y se ausentaba durante algunos días. Se sintió impulsado a confesar a sus superiores que aquello no era un hecho y que había utilizado ese tiempo para recreo propio.

El detalle con el que Dios trató con cada uno fue muy notable. Vidas fueron limpiadas hasta lo más profundo, incluso el pecado, tanto el exterior como el oculto. El Espíritu de Dios había tomado posesión, y las personas fueron cambiadas a semejanza de Jesucristo.

Aquellas reuniones fueron el comienzo de una poderosa obra de Dios en Pretoria, la cual continúa hasta el día de hoy.

Capítulo 30

El Espíritu de Dios

Sermón

Quiero leerles uno de los mejores incidentes en la Palabra de Dios. Es la historia de Elías en el monte Carmelo.

Cuando Acab vio a Elías, le dijo: ¿Eres tú el que turbas a Israel?

Y él respondió: Yo no he turbado a Israel, sino tú y la casa de tu padre, dejando los mandamientos de Jehová, y siguiendo a los baales. Envía, pues, ahora y congrégame a todo Israel en el monte Carmelo, y los cuatrocientos cincuenta profetas de Baal, y los cuatrocientos profetas de Asera, que comen de la mesa de Jezabel.

Entonces Acab convocó a todos los hijos de Israel, y reunió a los profetas en el monte Carmelo. Y acercándose Elías a todo el pueblo, dijo: ¿Hasta cuándo claudicaréis vosotros entre dos pensamientos? Si Jehová es Dios, seguidle; y si Baal, id en pos de él. Y el pueblo no respondió palabra. Y Elías volvió a decir al pueblo: Sólo yo he quedado profeta de Jehová; mas de los profetas de Baal hay cuatrocientos cincuenta hombres. Dénsenos, pues, dos bueyes, y escojan ellos uno, y córtenlo en pedazos, y pónganlo sobre leña, pero no pongan fuego debajo; y yo prepararé el otro buey, y lo pondré sobre leña, y ningún fuego pondré debajo. Invocad luego vosotros el nombre de vuestros dioses, y yo invocaré el nombre de Jehová; y el Dios que respondiere por medio de fuego, ése sea Dios. Y todo el pueblo respondió, diciendo: Bien dicho.

Entonces Elías dijo a los profetas de Baal: Escogeos un buey, y preparadlo vosotros primero, pues que sois los más; e invocad el nombre de vuestros dioses, mas no pongáis fuego debajo. Y ellos tomaron el buey que les fue dado y lo prepararon, e invocaron el nombre de Baal desde la mañana hasta el mediodía, diciendo: ¡Baal, respóndenos! Pero no había voz, ni quien respondiese; entre tanto, ellos andaban saltando cerca del altar que habían hecho.

Y aconteció al mediodía, que Elías se burlaba de ellos, diciendo: Gritad en alta voz, porque dios es; quizá está meditando, o tiene algún trabajo, o va de camino; tal vez duerme, y hay que despertarle. Y ellos clamaban a grandes voces, y se sajaban con cuchillos y con lancetas conforme a su costumbre, hasta chorrear la sangre sobre ellos.

Pasó el mediodía, y ellos siguieron gritando frenéticamente hasta la hora de ofrecerse el sacrificio, pero no hubo ninguna voz, ni quien respondiese ni escuchase. Entonces dijo Elías a todo el pueblo: Acercaos a mí. Y todo el pueblo se le acercó; y él arregló el altar de Jehová que estaba arruinado. Y tomando Elías doce piedras, conforme al número de las tribus de los hijos de Jacob, al cual había sido dada palabra de Jehová diciendo, Israel será tu nombre, edificó con las piedras un altar en el nombre de Jehová; después hizo una zanja alrededor del altar, en que cupieran dos medidas de grano. Preparó luego la leña, y cortó el buey en pedazos, y lo puso sobre la leña. Y dijo: Llenad cuatro cántaros de agua, y derramadla sobre el holocausto y sobre la leña. Y dijo: Hacedlo otra vez; y otra vez lo hicieron. Dijo aún: Hacedlo la tercera vez; y lo hicieron la tercera vez, de manera que el agua corría alrededor del altar, y también se había llenado de agua la zanja. Cuando llegó la hora de ofrecerse el holocausto, se acercó el profeta Elías y dijo: Jehová Dios de Abraham, de Isaac y de Israel, sea hoy manifiesto que tú eres Dios en Israel, y que yo soy tu siervo, y que por mandato tuyo he hecho todas estas cosas. Respóndeme, Jehová, respóndeme, para que conozca este pueblo que tú, oh Jehová, eres el Dios, y que tú vuelves a ti el corazón de ellos. Entonces cayó fuego de Jehová, y consumió el holocausto, la leña, las piedras y el polvo, y aun lamió el agua que estaba en la zanja. Viéndolo todo el pueblo, se postraron y dijeron: ¡Jehová es el Dios, Jehová es el Dios! Entonces Elías les dijo: Prended a los profetas de Baal, para que no escape ninguno. Y ellos los prendieron; y los llevó Elías al arroyo de Cisón, y allí los degolló. (1 Reyes 18:17–40)

En cada país, entre todos los pueblos, a lo largo de toda la historia, ha habido ocasiones en que una demostración del poder de Dios fue tan necesaria para el mundo como lo fue en tiempos de Elías. Es necesaria ahora.

El pueblo se había alejado de Dios; habían olvidado que había un Dios en Israel. Confiaban en otros dioses, al igual que hace la gente en la actualidad. Si yo les llamase impíos, supongo que la mayoría de las personas se sentirían ofendidas, pero quiero decir que no hay persona que tenga más dioses que el americano promedio. Los hombres se inclinan ante el Dios de la popularidad; los hombres se inclinan a este dios y ese dios. Los hombres tienen miedo a la opinión de los demás, como cualquier impío que hubo en el mundo en cualquier época. No hay prácticamente ningún cristiano, y menos un incrédulo, que tenga la verdadera resistencia para ponerse en pie y declarar todas sus convicciones con respecto a Jesucristo, el Hijo de

Dios. Cada vez menos los hombres tienen el aguante necesario para declarar sus convicciones en cuanto a Jesucristo, el Salvador de la humanidad.

Esa es la razón de que la iglesia moderna haya perdido su contacto con Dios y haya entrado en un sueño de muerte, un sueño que sólo puede terminar en muerte espiritual y la desintegración de la iglesia tal como es. El único poder que revivirá a la iglesia en este país y en el mundo es el que recibirá cuando abra su corazón por completo a Dios, como hizo el pueblo de Israel, y diga: "Señor Dios, hemos pecado".

El pecado del que tiene que arrepentirse no es el de haber cometido muchos pequeños actos que los hombres denominan pecado, los cuales son el reflejo de lo que hay él en el corazón. De lo que necesita arrepentirse la humanidad es de esto: de haber negado el poder de Dios. Han negado a la humanidad que el Cristo de Israel es el Hijo de Dios y que Él es el Salvador todopoderoso. El llamado de Dios a las iglesias cristianas en la actualidad es a salir de sus escondites, al igual que salió Elías, y encontrarse con el Rey. Declaren el terreno sobre el cual se enfrentan a los enemigos de Dios, y enfréntense a ellos en el nombre de Jesucristo.

La iglesia cristiana es la única a quien hay que culpar de la existencia de las asociaciones metafísicas que cubren la tierra como una plaga de piojos. La iglesia es la culpable, porque si la iglesia de Jesucristo durante los últimos cincuenta o cien años hubiera declarado a la humanidad el poder del Espíritu de Cristo de Nazaret tal como Él es, nunca habría llegado a existir la tribu de las sociedades metafísicas.

El mundo en la actualidad está siendo tomado por las asociaciones metafísicas hasta tal grado que se está inclinando delante de las leyes metafísicas y denominándolas Dios. Eso es la naturaleza humana y no Dios. Ha llegado el momento en que la iglesia cristiana tiene que dar una nueva demostración al mundo. Si los metafísicos, mediante la operación de las leyes naturales, pueden producir cierto carácter y grado de sanidad, entonces le corresponde a la iglesia de Jesucristo y al ministerio del Hijo de Dios demostrar que hay un poder en la sangre de Jesucristo para salvar a los hombres y sanar a los hombres *por completo*, no a medias, ni tampoco sanar a la mitad de las personas. Pero yo oro y creo que ha llegado el momento de Dios para el desafío de Dios a la humanidad y el desafío de la iglesia cristiana al mundo a pasar al frente, y si es de Dios, *dejar que caiga el fuego.*

No hubo engaño en los profetas israelitas de antaño. Cuando llegaban las personas, ellos ponían sus sacrificios sobre el altar y no ponían ningún fuego artificial debajo; por el contrario, el alma se presentaba delante de Dios. Ellos elevaban su corazón al cielo, y entonces descendía el fuego y consumía el sacrificio: ésa era la evidencia de que el sacrificio era aceptado.

Ha llegado el momento en que Dios quiere que caiga el fuego, y si ustedes, mis queridos hermanos y hermanas, pagan el precio de Dios y se consagran a ustedes mismos a Dios al igual que Cristo, veremos caer el fuego de Dios. Y no será destructivo, a excepción de que el pecado, el egoísmo y la enfermedad se quemarán bajo ese fuego, mientras que la pureza, la vida, la santidad y el carácter permanecerán, purificados y refinados por la gloria y el poder del fuego de Dios que desciende del cielo. El fuego de Dios es creativo de justicia al igual que es destructivo del pecado.

Hace algunos años, cuando yo comencé mi trabajo en Sudáfrica y el Señor se había movido de manera maravillosa durante unos seis meses, se puso en marcha un movimiento para congregar a una multitud de yoguis hindúes (los yoguis hindúes son una sociedad de personas que se entregan por completo a una demostración de cosas metafísicas). Eran sacerdotes brahmanes, sacerdotes budistas, sacerdotes confucianos, y todo tipo de sacerdotes e hipnotistas. Después de un tiempo, dijeron: "Nos gustaría hacer una demostración".

Y yo dije: "Sí, a mí también me gustaría hacer una demostración. Vengan con sus yoguis, con su Buda, con su Confucio y con sus hipnotistas. Que ellos muestren a sus dioses; que sanen a las personas si pueden. Que sea en público, y que se haga en la plataforma de mi tabernáculo o en cualquier otro lugar que sea lo bastante grande para poder acomodar al público. Entonces, cuando ustedes hayan terminado, nosotros clamaremos al Dios cristiano y veremos lo que Él hará".

Bien, ellos llegaron al tabernáculo para hacer la demostración. Un hombre, el profesor Henerson, hipnotista profesional, pasó al frente. Dijo que estaba allí para demostrar lo que podía hacer mediante el hipnotismo. Llevó con él a una mujer de Germiston que tenía una cadera rígida, probablemente debido al reumatismo o a una enfermedad de la cadera. Después de que él la hubiera tratado una y otra vez privadamente durante meses y ahora públicamente delante de la gente, yo dije: "Apártese".

Llamando a uno de los hermanos para que orase conmigo, dije: "En el nombre del Señor Jesucristo, ordeno a esta cadera que se abra". Al instante, ella fue sanada y pudo caminar. Quiero hablarles más de lo que Dios hizo. Ahí era donde llegaba mi fe, pero Dios me desafió. Mientras yo miraba a la mujer, pensaba para mí: *Esta es la manera en que Jesús lo hacía cuando estaba en la tierra, y es la manera en que Jesús lo sigue haciendo*. Fue Jesús quien lo hizo.

Bien, mientras la miraba, de repente descendió algo del cielo sobre mi alma. Era la unción del Espíritu de Dios. Entonces entendí lo que Bendito libro decía cuando hablaba de que el Espíritu del Señor descendió sobre Elías[8] y que el Espíritu de Dios descendió sobre Sansón (véase Jueces 14:6, 19, y 15:14), etc. Sansón, bajo el poder del Espíritu, tomó las puertas de Gaza y

[8] 1 Reyes 18:46 dice que "*la mano de Jehová*" estuvo sobre Elías.

se las llevó (véase Jueces 16:30). Él tomó la quijada de un asno y mató a mil hombres con ella (véase Jueces 15:15). Esas fueron las cosas por las cuales Dios se propuso enseñar al mundo lo que el Espíritu del Señor es.

Bien, mientras yo estaba allí, el Espíritu cayó sobre mí no como si fuese un suave rocío del cielo, sino con poder, hasta que mi espíritu se elevó en tal fortaleza que yo no sabía cómo controlarlo. En mi corazón, clamé: "Dios mío, ¿qué significa esto?". Al instante, descubrí que el Espíritu operaba en el espíritu de ese hipnotista. Yo dije: "¿Es usted el hombre que ha estado hipnotizando a esta mujer durante dos años y se ha quedado con su dinero que tanto le costó ganar? En el nombre de Jesucristo, nunca hipnotizará usted a nadie más". Agarrándolo por la solapa de su abrigo, le di un golpecito en el hombro con mi otra mano diciendo: "En el nombre de Jesús el Hijo de Dios, sal de él". Y salió. Aquel demonio de hipnosis salió de él, y él no volvió a hipnotizar más sino que se ganó la vida honestamente.

Dios no es el Dios de los muertos; Él es el Dios de los vivos. Y el deseo de mi alma es que en esta ciudad Dios todopoderoso pueda levantar un altar al Dios vivo, no a un dios muerto. La humanidad necesita un altar al Dios vivo, al Dios que oye la oración, al Dios que responde la oración, al Dios que responde con fuego. Ha llegado el momento de que el desafío de Dios se proclame. Dios está diciendo: "Si hay un cristiano, que ore. Si hay un Dios, que responda". Dios tendrá un encuentro con las almas cada vez que usted acuda a Él y se encuentre con Él cara a cara.

Al hacer hincapié en esto, el Señor Jesucristo dice al mundo: "*Por tanto, os digo que todo lo que pidiereis orando, creed que lo recibiréis, y os vendrá*" (Marcos 11:24). Ahí está el asunto. Su cheque en blanco no vale ni diez monedas en sus manos. ¿Por qué? Porque usted no cree a Dios. Rellene su cheque, crea a Dios, y sucederá.

El llamado de Elías es el llamado del momento presente. Si el Cristo es el Cristo, obtengan su respuesta de Él. Si Jesús es el Hijo de Dios con poder en la tierra para perdonar pecados, entonces, tal como lo expresó Jesús:

> *Pues para que sepáis que el Hijo del Hombre tiene potestad en la tierra para perdonar pecados... A ti te digo: Levántate, toma tu lecho, y vete a tu casa.* [Levántate y anda].
>
> (Lucas 5:24)

Jesucristo era lo bastante razonable para satisfacer los razonamientos y las preguntas del hombre. Y el ministro de Dios que tiene miedo de creer a su Dios y confiar en su Dios para obtener resultados no es cristiano en absoluto.

¿Qué significa el cristianismo para el mundo? ¿Es una esperanza para la tierra de la gloria que está muy lejos en el futuro? ¿Es eso el cristianismo? ¿Es una esperanza de que uno no va a abrasarse en el infierno todos los días de su vida? ¡No! El cristianismo es la demostración de la justicia de Dios al mundo.

Por tanto, hermanos, Dios nos ha dado algo que hacer. Él nos ha dado una demostración que hacer. Si no la hacemos, entonces no tenemos más derecho a las afirmaciones de que somos hijos de Dios que otras personas. Si Dios es Dios, sírvanle a Él; y si es Baal, entonces sírvanle.

Capítulo 31

El bautismo del Espíritu Santo

Serie de sermones

Sermón 1 de 3
23 de febrero, 1921

El bautismo del Espíritu Santo es el mayor acontecimiento en la historia cristiana; mayor que la crucifixión, de mayor trascendencia que la resurrección, mayor que la ascensión, mayor que la glorificación. Fue el fin y la finalidad de la crucifixión y la resurrección, de la ascensión y la glorificación.

Si Jesucristo hubiera sido crucificado y no hubiese habido resurrección, Su muerte habría sido en vano, por lo que se refiere a la salvación de la humanidad. Si hubiera resucitado de la tumba y no hubiera llegado al trono de Dios y hubiera recibido del Padre el don del Espíritu Santo, el propósito por el cual Él murió y por el cual resucitó se habría perdido.

Esta noche estamos aquí porque no hubo fracaso. Porque Jesús llegó hasta el final, al mismo trono y corazón de Dios, y se aseguró el Espíritu todopoderoso del tesoro celestial del Alma eterna y lo derramó sobre el mundo en divino bautismo.

NACIMIENTO DEL CRISTIANISMO

El día de Pentecostés fue el nacimiento del cristianismo. El cristianismo nunca existió hasta que el Espíritu Santo vino del cielo. El ministerio de Jesús en el mundo fue Su propia preparación divina del mundo para Su ministerio final y definitivo. Su ministerio final y definitivo había de ser *por el Espíritu*.

El misterio de Jesús durante Su vida terrenal estuvo localizado por Su humanidad, y localizado también en cuanto a que Su mensaje sólo fue dado a Israel. Pero el descenso del Espíritu Santo trajo a las almas de los hombres un ministerio *universal* de Jesús a cada hombre, desde el corazón de Dios. El contacto celestial con el Dios eterno en poder encendió toda la naturaleza de ellos para Dios y con Dios, exaltó sus naturalezas a Dios, e hizo que el receptor fuese *semejante a Dios*. ¡El hombre se volvió semejante a Dios!

TIERRA SANTA

No hay otro tema en toda la Palabra de Dios que a mí me parezca que debería enfocarse con tanta reverencia santa que el tema del bautismo del Espíritu Santo. Amados, mi corazón sangra cada día de mi vida cuando oigo la superficialidad con la cual los cristianos dialogan sobre el bautismo del Espíritu Santo.

Cuando Moisés entró en la presencia de Dios en la zarza ardiente, Dios dijo: "*No te acerques; quita tu calzado de tus pies, porque el lugar en que tú estás, tierra santa es*" (Éxodo 3:5). Cuánto más será cuando el individuo se acerca a la presencia de Dios buscando el bautismo del Espíritu Santo y recuerda que, para obtener este don, Cristo vivió en el mundo, sangró en la cruz, entró en la oscuridad de la muerte, del infierno y de la tumba, luchó con ese maldito poder y lo estranguló, regresó otra vez y finalmente ascendió al cielo a fin de asegurarlo para ustedes y para mí. Si hay algo debajo del cielo que debiera reclamar nuestra reverencia, nuestra santa reverencia, nuestra reverencia por encima de ninguna otra cosa en el mundo, sin duda es el tema del bautismo del Espíritu Santo.

¡Dios mío! A veces mi alma se sacude cuando oigo a personas decir superficialmente: "¿Tienes tu bautismo?". Suponiendo que Jesús estuviera en la cruz y nosotros tuviéramos el privilegio esta noche de poder mirar Su rostro en este momento, me pregunto: ¿cuál sería el sentimiento de nuestras almas? Suponiendo que esa noche estuviéramos siguiendo al grupo de personas que lloraban y que llevaban Su cuerpo muerto y lo ponían en el sepulcro, ¿cuáles serían nuestros sentimientos? Suponiendo que fuéramos a encontrarnos con Él en el huerto, como le sucedió a María, en la gloria de Su resurrección, o suponiendo que Dios en Su bondad nos permitiese mirar esa escena de escenas en el trono de Dios, cuando los cielos abrieron sus puertas y entró el Señor de la gloria. Oh, si pudiéramos, amados, tendríamos una mejor comprensión del bautismo del Espíritu Santo.

Me encanta la antigua palabra anglosajona para "Espíritu": *Ghest.* Es un invitado espiritual, un visitante celestial, una presencia espiritual, el Ángel. Y el Ángel que viene a ustedes y a mí llega desde el corazón del Dios eterno, ¡soplado mediante el alma de Jesucristo! Cuando llegó sobre un hombre originalmente como lo hizo sobre los ciento veinte en Jerusalén, nadie fue por ahí diciendo: "Hermano, ¿tienes tu bautismo?". Ellos caminaban sin sus zapatos, ¡con sus cabezas descubiertas y sus corazones descubiertos delante del Dios eterno!

Creo que el primer punto esencial en una verdadera iglesia del Espíritu Santo y en una verdadera obra del Espíritu Santo es comenzar a rodear el bautismo del Espíritu Santo de esa debida reverencia a Dios con la cual una experiencia tan sagrada y que costó un precio tan horrible debería rodearse.

Una lección sobre reverencia

Un día estaba yo sentado en un lugar poblado en Sudáfrica en compañía de una señora, la Sra. Dockrall, una hermosa mujer de Dios, bautizada en el Espíritu Santo. Mientras estábamos sentados en las rocas, meditando y orando, con el resto del grupo a un poco de distancia, observé que el Espíritu caía sobre ella poderosamente, hasta que quedó sumergida en el Espíritu. Entonces comenzó a dar un mensaje primero en lenguas, dando después la interpretación en inglés, y yo escuché la conferencia más maravillosa sobre el tema de la reverencia que haya oído jamás en toda mi vida.

Después le dije: "Dígame lo que pueda sobre la experiencia por la cual acaba usted de pasar".

Ella nunca había estado en Europa, pero dijo: "El Espíritu me llevó a algún lugar en Europa. Me acerqué a una gran catedral". Y pasó a describir su arquitectura. Dijo: "Cuando me acercaba a la puerta, un sacerdote inglés me saludó y me condujo por el pasillo hasta el altar, y yo me puse de rodillas. Comenzó a descender una nube blanca, y en realidad de la nube salieron el rostro y la forma de Jesucristo. El sacerdote estaba de pie en la tribuna y comenzó a hablar, pero yo podía ver por la acción del Espíritu que las palabras que hablaba eran simplemente palabras que el Señor mismo decía". Siempre ha sido una de las tristezas de mi vida no haber tenido un taquígrafo que pudiera haber escrito ese maravilloso mensaje sobre la reverencia por las obras de Dios.

He estado leyendo uno de los libros más hermosos que haya leído jamás. Está escrito por una señora inglesa, la Sra. Parker, misionera en India, y describe la vida, la enseñanza y la misión de un Sadhu Sundar Singh, un sadhu hindú. Un sadhu es un hombre santo que renuncia al mundo totalmente y completamente, nunca se casa, nunca toma parte en ninguno de los asuntos del mundo, se aparta para la vida religiosa y practica la meditación en Dios y en la vida espiritual. Sundar Singh, cuando encontró al Señor Jesucristo, concibió la idea de convertirse en un sadhu cristiano. Iba de lugar en lugar, no llevaba zapatos y dormía sobre el piso, pero su vida está totalmente abandonada a Dios.

Una de las afirmaciones de la Sra. Parker, quien escribió de Sundar Singh, era la siguiente: "A medida que uno se acerca a su presencia, una reverencia llega al alma. Parece como si uno estuviera otra vez en presencia del Nazareno original". Acerquémonos al Lugar Santísimo con una reverencia similar. Seamos reverentes en la presencia del Glorificado.

El bautismo del Espíritu Santo es peculiar al Señor Jesucristo. Juan el Bautista dijo:

> *Yo a la verdad os bautizo en agua para arrepentimiento; pero el que viene tras mí, cuyo calzado yo no soy digno de llevar, es más poderoso que yo; él os bautizará en Espíritu Santo y fuego. Su aventador está en su mano, y limpiará su era; y recogerá su trigo en el granero, y quemará la paja en fuego que nunca se apagará.*
>
> (Mateo 3:11–12)

Jesucristo, el Glorificado, debe poner Sus manos sobre ustedes y sobre mí y otorgarnos Su propia naturaleza, el fluir de Dios, la sustancia de Su alma, la cualidad de Su mente, el ser de Dios mismo. "*¿O ignoráis que vuestro cuerpo es templo del Espíritu Santo, el cual está en vosotros?*" (1 Corintios 6:19). Un templo de Dios, ¡una casa de Dios en la cual vive Dios!

Una morada de Dios

A veces he intentado dejar claro delante de mi alma que Dios vive en mí. He intentado notar la influencia y el poder interiores de ese puro, dulce y vivo Espíritu del Dios eterno. He intentado comprender Su presencia en mi espíritu, en mi alma, en mis manos, en mis pies, en mi persona y en mi ser: una morada de Dios, ¡una morada de Dios! Dios, equipando el alma para que le ministre a Él mismo al mundo; Dios, equipando el alma de un hombre de modo que pueda vivir para siempre en armonía mental con Dios; Dios, dando al alma del hombre el poder de Su personalidad, mediante la cual el hombre es hecho como Dios: todas las cualidades semejantes a Dios de sus corazones se deben al hecho de que Dios, por el Espíritu, mora en ustedes. ¿Qué buscan ustedes en otros? A Dios. Miran a los ojos de otra persona para ver a Dios. Si no ven a Dios en la vida del otro, sus corazones se turban. Ustedes estaban buscando a Dios.

No estoy interesado en la forma, o la figura, o el nombre del individuo. Estoy interesado en ver a Dios. ¿Está Dios ahí? ¿Está Dios en ese hombre? ¿Está Dios en esa mujer? ¿Es Dios quien habla? ¿Es Dios quien se mueve? ¿Están viendo a Dios?

Ustedes pueden tener a Dios

El bautismo del Espíritu Santo fue la entrada de Dios en la personalidad a fin de que el hombre, mediante esta fuerza, pudiera ser movido por Dios. Dios vive en él; Dios habla por medio de él; Dios es el impulso de su alma; Dios tiene Su lugar de morada en él.

Ustedes pueden tener a Dios. Esa es la maravilla del bautismo del Espíritu Santo. No es una obra de gracia; es Dios *tomando posesión de ustedes.* Oh, su corazón puede ser tan pecador como el corazón del hombre lo fue siempre, pero Cristo llega a su alma. Ese espíritu de oscuridad que le posee se va y, en su lugar, entra un nuevo Espíritu: el Espíritu de Cristo. Usted se ha convertido en una nueva criatura, un hombre salvado, un hombre lleno de Dios.

Una transformación

El pecado se manifiesta en tres maneras: en pensamiento, en acto y en naturaleza. La salvación es una transformación completa. Dios toma posesión del hombre y cambia sus pensamientos; como consecuencia, sus actos cambian y su naturaleza es nueva. Un cristiano no es un hombre reformado; un cristiano es un hombre renovado, hecho de nuevo por el Espíritu de Dios. Un cristiano es un hombre en quien Dios mora: ¡la casa de Dios, el tabernáculo del Altísimo! El hombre, en quien Dios mora, se convierte en las manos, el corazón, los pies y la mente de Jesucristo. Dios desciende al hombre; ¡el hombre asciende a Dios! Ese es el propósito y el poder del bautismo en el Espíritu Santo. Un alma es salva. ¿Cómo llega Jesús a ella? Por medio de sus manos, por medio de su corazón, por medio de su fe. Cuando Dios le bautiza en el Espíritu Santo, le da el mayor don que el cielo o la tierra hayan poseído jamás. ¡Él se entrega *a Sí mismo* a usted! Él se une a usted para siempre por el Espíritu de Sí mismo.

El requisito

El requisito es un corazón rendido, una mente rendida, una vida rendida. Desde el día en que un hombre se convierte en un hijo de Dios, bautizado en el Espíritu Santo, fue la intención de Dios por medio de Jesucristo que el hombre fuese una revelación de Jesús.

Si usted quisiera saber si un hombre ha sido bautizado en el Espíritu Santo o no, ¿qué buscaría? Buscaría a Dios en él. Buscaría una revelación de la personalidad de Dios: Dios moviéndose en él, Dios hablando en él, Dios hablando por medio de él, Dios usando sus manos, Dios usando sus pies; una mente en armonía con Dios, un alma en contacto con el cielo, un espíritu unido con Jesucristo y en Él.

El gran propósito de Dios no comprendido

No está en mi corazón desalentar a ningún hombre o hacerles no creer ni por un minuto en la veracidad de su propio bautismo en el Espíritu Santo. Yo creo que Dios, por el Espíritu, ha bautizado a muchos en el Espíritu Santo. Cientos y cientos de personas han sido bautizadas en el Espíritu Santo durante la vida de esta iglesia en los últimos seis años. Pero, amados, no hemos comprendido la grandeza de la intención de Dios; no es que no hayamos recibido el Espíritu, sino que nuestras vidas no han sido suficientemente rendidas a Dios. Debemos seguir ascendiendo hasta el trono, hasta el corazón de Dios, hasta el alma del Glorificado.

El Espíritu Santo, un don de Dios mismo

La enseñanza común que mi corazón en estos tiempos se esfuerza por combatir es que Dios presenta al individuo un don de poder, y entonces el individuo ha de salir y manifestar ciertas características de poder. ¡No! Dios llega para presentarle a Él mismo: "*Pero recibiréis poder,* ***cuando*** *haya venido sobre vosotros el Espíritu Santo*" (Hechos 1:8).

Jesús fue al cielo a fin de que el tesoro mismo del corazón del Dios eterno pudiera ser desatado para beneficio de usted, para que de la misma alma del Dios eterno las corrientes de Su vida y Su naturaleza le poseyeran desde la cabeza hasta los pies, y que hubiera tanto del Dios eterno en sus dedos de los pies y en su cerebro como cada uno sea capaz de contener. En otras palabras, desde las plantas de sus pies hasta el último cabello que hay en su cabeza, cada célula de su ser sería una residencia del Espíritu del Dios vivo. El hombre es hecho vivo por Dios y con Dios mediante el Espíritu. Y en sentido más verdadero, el hombre es el lugar de morada de Dios, la casa de Dios, el tabernáculo del Altísimo.

¡Escuchen! "*Las palabras que yo os hablo, no las hablo por mi propia cuenta, sino que el Padre que mora en mí*" (Juan 14:10). "*... sino que el Padre que mora en mí*". ¿Donde moraba el Padre eterno en Jesucristo? En cada parte de Su ser, dentro y fuera en el espíritu de Él, en el alma de Él, en el cerebro de Él, en el cuerpo de Él, en la sangre de Él, en los huesos de Él. Cada célula única y solitaria de Su estructura era el lugar de morada de Dios, de Dios, ¡de Dios!

Cuando busquen a Dios no miren sólo la superficie, miren en el interior. Cuando examinen a un hombre para ver si Dios está en él, miren su espíritu, su alma, las profundidades de él, y allí verán a Dios.

Qué frívolas son las controversias que rodean al bautismo del Espíritu Santo. Los hombres debaten asuntos muy frívolos; por ejemplo: ¿Habla un hombre en lenguas o no? ¿Creen por un instante que estoy descartando el valor de las lenguas? No. Pero amados, les diré aquello por lo que mi corazón se carga. En Jerusalén, ellos no sólo hablaron en lenguas sino que hablaron *los idiomas de los países* (véase Hechos 2:6–11).

Si eso fue posible para Pedro, para Pablo y para la nación judía, entonces es posible para cada uno de nosotros. No sólo hablar en lenguas tal y como normalmente entendemos esa frase, sino hablar porque Dios mora en ustedes y habla a quien Él quiere en cualquier idioma que Él desee. Y si nuestra experiencia presente en lenguas no es satisfactoria, Dios les bendiga; hablen en idiomas, tal como Dios quisiera que lo hicieran. Amados, siento la necesidad de eso, y lo siento en lo profundo de mi corazón hasta el punto de dolerme. Viví en Sudáfrica durante varios años, donde se dice comúnmente que hay cien mil tribus de pueblos nativos, y cada una de esas cien mil tribus habla un dialecto diferente. Esas tribus a veces tienen pocas personas, unas diez mil, y otras veces llegan hasta cien mil o incluso hasta millones de personas.

Supongamos que vamos a proponernos evangelizar África rápidamente. Sería necesario tener cien mil misioneros diferentes y que todos al mismo tiempo hablasen un idioma en particular, ya que hay cien mil.

¡No señor! Yo creo delante del cielo que cuando el Espíritu del Dios eterno se haya derramado sobre toda carne, del verdadero cuerpo cristiano surgirán cien mil hombres y mujeres en África que hablaran el idioma de cada tribu por separado por el poder de Dios.

La lengua desconocida del Espíritu era para enseñarles acerca de Dios, y ser un fiel edificador en su alma para llevarles a la empresa grande y práctica de Dios de salvar al mundo. Y ese es el motivo, amados, de que yo presente este tema ante sus almas esta noche. En cuanto al bautismo del Espíritu Santo, estamos en estado de infancia en el entendimiento, la infancia en el control divino, la infancia en la capacidad de asimilarnos en nuestro ambiente, incluyendo los idiomas.

Cuando vamos a una escuela, vemos que las clases están organizadas según los grados. Estaba yo hablando con una joven maestra que enseña en el campo en una pequeña escuela pública. Yo dije: "¿Cuántos niños tienen usted en su escuela?".

Ella respondió: "Quince".

Yo pregunté: "¿Cuántos grados tienen?".

Ella dijo: "Ocho grados". Quince alumnos divididos en ocho grados.

La iglesia cristiana es la gran escuela de Dios. ¿Qué alumno de octavo grado pensaría en decir a un niño de primaria: "No lo tienes todo. ¿Por qué no entiendes al nivel de octavo grado?". Bien, él entenderá a su debido tiempo. Esa es la razón de que el alumno no se lo diga, pues sabe que el niño llegara a tenerlo. Un día, ese muchacho entenderá igual que los demás. Un cristianismo débil siempre quiere encajar con lo imperfecto y ajustarse a la mentalidad popular, pero el verdadero cristianismo siempre busca ser hecho perfecto en Dios, tanto en carácter como en dones.

Mi experiencia personal

Amados, quiero repetirles esta noche un poco de mi propia historia personal sobre el tema del bautismo del Espíritu Santo, porque sé que dará claridad a sus almas.

Mi conversión

Me arrodillé al lado de un árbol cuando tenía unos dieciséis años de edad en arrepentimiento y oración, y Dios entró en mi alma. Fui salvo de mis pecados, y desde aquel día conocí a Jesucristo como a un Salvador vivo. Nunca hubo un instante de preguntas sobre la realidad de Su entrada a mi vida como Salvador, porque Él me salvó de mis pecados. Mi amigo dijo: "Eres bautizado en el Espíritu Santo".

Santificado

Algún tiempo después, creo que cuando tenía unos veinte años, conocí a un granjero cristiano, Melvin Pratt, que se sentaba sobre el manillar de su arado y me enseñaba sobre el tema de la santificación, y Dios me permitió entrar en esa experiencia. Mis amigos decían: "Ahora seguramente eres bautizado en el Espíritu Santo".

Más adelante en mi vida, estuve bajo el ministerio de George B. Watson, de la Alianza Cristiana Misionera, quien enseñaba el bautismo del Espíritu Santo y la santificación con más claridad y mejor distinción entre ambas cosas, y entre en una vida más abundante y una mejor experiencia. Una hermosa unción del Espíritu estaba sobre mi vida.

Ministerio de sanidad

Entonces se abrió a mí el ministerio de sanidad, y ministré durante diez años en el poder de Dios. Cientos y cientos de personas fueron sanadas por el poder de Dios durante esos diez años, y yo podía sentir el fluir consciente del Espíritu Santo por mi alma y por mis manos.

Pero al final de ese año, creo que yo era el hombre con más hambre de Dios que haya vivido jamás. Tenía un hambre de Dios tan grande, que cuando salía de mis oficinas en Chicago e iba andando por la calle, mi alma se quebrantaba y yo clamaba: "¡Oh Dios!". A veces había personas que se detenían y se me quedaban mirando maravilladas. Era la anhelante pasión de mi alma, pidiendo a Dios una mayor medida de la que entonces conocía. Pero mis amigos me decían: "Sr. Lake, usted tiene un hermoso bautismo en el Espíritu Santo". Sí, era hermoso pero no daba respuesta al clamor de mi corazón. Yo estaba obteniendo un mayor entendimiento de Dios y de la necesidad de mi propia alma. Mi alma demandaba una mayor entrada a Dios, a Su amor, a Su presencia y a Su poder.

Mi bautismo en el Espíritu Santo

Y entonces, un día, un anciano entró a mi oficina, se sentó, y en la media hora siguiente reveló más del conocimiento de Dios a mi alma de lo que yo había conocido antes. Y cuando él se fue, yo dije: "Dios bendiga a ese anciano. Ese hombre sabe más de Dios que cualquier otro hombre que yo haya conocido jamás.

Por la gracia de Dios, si eso es lo que hace el bautismo del Espíritu Santo con lenguas, yo voy a tenerlo". ¡Oh, la maravilla de Dios que fue revelada entonces a mi corazón!

Durante nueve meses estuve en ayuno, oración y esperando en Dios. Entonces, un día, la gloria de Dios vino a mi vida en una nueva manifestación y una nueva llegada. Y cuando el fenómeno hubo pasado y la gloria permaneció en mi alma, descubrí que mi vida comenzaba a manifestarse en el variado abanico de los dones del Espíritu y hablé en lenguas por el poder de Dios, y Dios fluyó por medio de mí con una nueva fuerza. Las habilidades eran más poderosas. ¡Oh, Dios vivía en mí, Dios se manifestaba en mí, Dios hablaba por medio de mí! Mi espíritu fue deificado, y tuve una nueva comprensión de la voluntad de Dios, un nuevo discernimiento de espíritu, una nueva revelación de Dios en mí.

Durante nueve meses, todo lo que yo miraba se convertía en una estrofa de poesía. No podía mirar a los árboles sin que la escena se convirtiese en un glorioso poema de alabanza. Yo predicaba a audiencias de miles de personas noche tras noche y día tras día. Llegaban personas todo el mundo para estudiarme. No podían entender. Todo lo que yo decía era un torrente de poesía; salía de mi alma en esa forma; mi espíritu se había convertido en una fuente de verdad poética.

Entonces, se manifestó una nueva maravilla. Mi naturaleza se volvió tan sensible que yo podía imponer mis manos sobre cualquier hombre o mujer y decir qué órgano estaba enfermo, hasta qué grado, y todo con respecto a él. Lo probé. Fui a hospitales donde los médicos no podían diagnosticar ciertos casos, tocaba al paciente, y al instante sabía el órgano que estaba enfermo, hasta qué grado y su estado y localización. Y un día el don pasó. Un niño se pone a jugar con un juguete, y su alegría es tan maravillosa que a veces se olvida hasta de comer.

Oh, digan, ¿no recuerdan cuando fueron bautizados por primera vez en el Espíritu Santo y hablaron por primera vez en lenguas, cómo balbuceaban? Fue maravilloso, increíble. Tan sólo queríamos ser bebés y seguir balbuceando y disfrutando. Y ahora nos preguntamos qué sucede. La efervescencia parece haber pasado. ¡Vaya! Es bueno que así sucediera. Dios está permitiendo que sus almas descansen, amados, en lo fundamental, allí donde sus mentes ya no están ocupadas con las manifestaciones de Dios. Dios intenta hacer que sus mentes se ocupen con Él mismo. Dios ha entrado en ustedes, y ahora Él les atrae a Sí mismo.

¿Hablarán en lenguas cuando sean bautizados en el Espíritu Santo? Sí, lo harán, pero harán mucho más que eso, bendito sea Dios, ¡mucho más que eso! Hablarán con el alma de Jesucristo; sentirán con el corazón del Hijo de Dios. Su corazón latirá con un deseo celestial de bendecir al mundo, porque es el latido de Jesús el que palpita en su alma. Y no creo que habrá ni un poco de inclinación en sus corazones a dirigirse a otro hijo de Dios y decir: "Tú no eres de mi clase. Yo estoy bautizado con el Espíritu Santo". Eso es tan ajeno al Espíritu del Hijo de Dios como el día y la noche. Amados, si son bautizados en el Espíritu Santo habrá una ternura es su alma tan profunda que nunca aplastarán la aspiración de otra persona con una simple sugerencia, sino que su alma y latirá y palpitará con amor, su corazón estará bajo ese amor para elevarlo a Dios y empujarlo hasta la gloria tan lejos como su fe pueda enviarlo.

Quiero hablarles con la mayor franqueza y decirles que las lenguas han sido para mí lo que ha formado mi ministerio. Es esa peculiar comunicación con Dios en la que Dios revela a mi alma la verdad que les comunico día tras día en mi ministerio. Pero ese tiempo de comunicación conmigo se produce mayormente en la noche. Muchas veces, me levanto de la cama, tomo mi pluma y mi papel, y anoto las cosas maravillosas y hermosas de Dios que Él habla a mi espíritu y revela a mi corazón.

Muchos cristianos no entienden el significado de las lenguas más de lo que otro hombre entiende la experiencia de sus almas cuando ustedes son salvos del pecado. Ha tenido lugar en ustedes; está en sus corazones, en sus mentes, en todo su ser. El hombre que intente hacerles dudar de la realidad de su contacto con Dios cuando Él les salvó de su pecado es un necio. Está establecido *en* ustedes. Los antiguos metodistas no podían explicar la experiencia, pero decían: "Es mejor sentirlo que escucharlo". Ellos lo sabían mediante el conocimiento interior. Así es también en un verdadero bautismo del Espíritu Santo; así es en la profecía; así es en la sanidad; así es en las lenguas. No dejen a un lado lo que tienen. Prosigan hacia la perfección.

El lenguaje del Espíritu

El Espíritu del hombre tiene voz. ¿Entienden eso? El espíritu del hombre tiene voz. La acción de Dios en sus espíritus hace que sus espíritus hablen mediante su voz. A fin de que sea inteligente para su entendimiento, tiene que ser repetido en el idioma que su cerebro conoce. ¿Por qué? Porque hay un idioma común al espíritu del hombre, y no es el inglés, no es el alemán, no es el francés, no es el italiano ni ningún otro de los idiomas de la tierra. Es un idioma del espíritu del hombre. Y, oh, qué gozo cuando ese espíritu de ustedes contenido, que revienta y batalla, encuentra su voz y "*comenzaron a hablar en otras lenguas, según el Espíritu les daba que hablasen*" (Hechos 2:4).

Muchas veces he hablado con otros en el Espíritu, por el Espíritu, mediante las lenguas, y he comprendido todo lo que me decían, pero no lo sabía con mi mente racional. No era el sonido de sus palabras; era ese algo indefinible que lo hacía inteligente para mi espíritu. El espíritu habla al espíritu al igual que el hombre habla al hombre. Sus espíritus hablan a Dios. Dios es Espíritu. Él responde. ¡Bendito sea Dios! Y creo con todo mi corazón que eso es lo que Pablo tenía en mente cuando habló de un lenguaje "desconocido" (véase 1 Corintios 14). El lenguaje desconocido es ese medio de revelación interna de Dios a ustedes, el lenguaje común del espíritu del hombre, mediante el cual Dios se comunica con su espíritu.

Revelación interna hecha inteligente por la interpretación

Pero si quieren hacer que ese medio de revelación interna de Dios sea inteligente para otras personas, entonces debe ser traducido al idioma que ellos conocen. Esa es la razón de que el apóstol dijera: "*Por lo cual, el que habla en lengua extraña, pida en oración poder interpretarla*" (1 Corintios 14:13), a fin de que la iglesia pueda recibir edificación. Pablo también dijo: "*Pero en la iglesia prefiero hablar cinco palabras con mi entendimiento, para enseñar también a otros, que diez mil palabras en lengua desconocida*" (1 Corintios 14:19). La revelación que ustedes reciben de Dios se les da en lenguas, pero ustedes la expresan en la lengua que las personas entienden.

Amados, entiéndanlo. Es uno de los medios y métodos divinos de comunicación entre sus espíritus y Dios. Mientras vivan, cuando hablen sobre las lenguas hablen con reverencia, porque viene de Dios. Cuando hablen sobre sanidad, hablen con reverencia porque viene de Dios. Cuando hablen sobre profecía, recuerden que es de Dios.

UNA ILUSTRACIÓN

Una mujer alemana llegó un día a las salas de sanidad, y un hermano oró por ella. Ella había sido maestra de escuela, pero tuvo que renunciar a su profesión debido a su vista. Regresó algunas semanas después tras haber estado sola por tres semanas. Nunca había estado en un servicio religioso en su vida en el que hablasen en lenguas, y no tenía ningún conocimiento de las Escrituras sobre ese tema. Vino a mí con multitud de material escrito que Dios le había dado. Cuando habían orado por ella para que recibiese sanidad, el Espíritu de Dios vino sobre ella y fue bautizada en el Espíritu Santo. Y ahora, Dios había comenzado a revelarse a Sí mismo a ella, a enseñarle de Su Palabra y de Su voluntad, hasta que ella llenó un libro entero con material escrito de sus conversaciones con Dios. Ella tenía comunión con Dios en lenguas, su espíritu hablaba a Dios; pero cuando ella acudió a mí, yo lo recibí en inglés.

El hombre que se sienta al lado de usted no puede entender eso. Él nunca ha hablado a Dios; no entiende nada sobre levantarse en mitad de la noche para escribir lo que Dios le ha dicho. Bien, necesita algo más para convencerle de que hay un Dios. "*Así que, las lenguas son por señal, no a los creyentes, sino a los incrédulos*" (1 Corintios 14:22). Pero la profecía, hablar el mensaje de Dios, es para todos. Por tanto, Pablo no quiere que ellos aplasten a un hombre que habla en lenguas sino que mantengan sus manos apartadas. Que le dejen a solas con Dios; que le dejen viajar mucho en el amor y el poder de Dios y regresar con mensajes en su alma; pero él no debe monopolizar el tiempo de cientos de personas en la iglesia con una comunicación privada de Dios a su alma. Pero cuando ha completado su entrevista con Dios, entonces comparte su conocimiento en forma de interpretación o profecía.

Ha habido muchas controversias sobre los diversos dones del Espíritu, debido a que aparecen uno tras otro. Hace veinticinco o treinta años, cuando comenzamos en el ministerio de sanidad, tuvimos que luchar para evitar ser sumergidos por la oposición de nuestros hermanos en Cristo que pensaban que estábamos locos porque sugeríamos que el Señor Jesucristo podía sanar en la actualidad. En el estado de Michigan, yo tuve que ir a los tribunales para evitar que metiesen a algunos de mis amigos al manicomio porque ellos creían que Dios podía sanar sin tomar pastillas o ninguna otra cosa material. (Para popularizar la sanidad algunos han cedido sobre el uso de medicinas, pero *el verdadero cristiano sigue* confiando solamente en Dios)[9].

Fue porque ellos no entendían la naturaleza eterna e indivisible de Dios. No tenían idea alguna de que Dios pudiera ministrar por medio de las manos y el alma de un hombre, llenar el cuerpo de un hombre enfermo, tomar posesión de él y sanarlo. El mundo ha tenido que aprender eso. Es una ciencia mucho más avanzada que la así denominada ciencia material o física.

Entonces, esa maravillosa oleada de Dios vino sobre el país desde 1900 hasta 1906 cuando cientos de miles de personas fueron bautizadas en el Espíritu Santo y hablaron en lenguas. ¡Pero escuchen! El viejo John Alexander Dowie, sobre la ola de esa maravillosa manifestación de poder sanador, quiso construir una iglesia y nombrarla sólo con sanidad, y su iglesia prácticamente lo hizo y murió. Otras iglesias nombraron a las suyas con santidad solamente y murieron; otras con una unción del Espíritu Santo nombraron a las suyas "bautismo", y también murieron en poder. Más adelante, quisimos construir una gran estructura y nombrarla como lenguas. Después de un tiempo las lenguas se secaron. De algún modo, la gloria y el brillo se habían ido; se volvieron ruidosas y no sonaban bien.

[9] Nota: el punto de vista y el énfasis expresado en esta afirmación son los de John G. Lake. La frase puede haber sido insertada después de que este sermón hubiera sido predicado y transcrito.

¿Cuál era el problema? No había nada malo en la experiencia. Dios no se había alejado de la vida pero estaba oculto de nuestra vista. Estábamos absorbidos en el fenómeno de Dios y no en Dios mismo. Ahora debemos continuar.

Amados, puedo ver a medida que mi espíritu discierne el futuro y se extiende para tocar el corazón de la humanidad y el deseo de Dios, que llega del cielo una nueva manifestación del Espíritu Santo en poder. Esa nueva manifestación será en dulzura, en amor, en ternura, en el poder del Espíritu, por encima de ninguna otra cosa que sus corazones o el mío hayan visto nunca. El relámpago de Dios brillará en los corazones de los hombres. Los hijos de Dios se enfrentarán a los hijos de la oscuridad y prevalecerán. Jesucristo destruirá al anticristo.

Una inundación del Espíritu

En 1908 prediqué en Pretoria, Sudáfrica, cuando Dios vino a mi vida una noche con tal poder, con tales corrientes líquidas de gloria y de poder, que yo era consciente de que salían de mis manos como si fuesen corrientes de electricidad. Yo señalaba con mi dedo a un hombre, y esa corriente le golpeaba. Cuando un hombre interrumpió la reunión, yo le señalé con mi dedo y dije: "¡Siéntese!". El cayó como si hubiesen golpeado y se quedó así durante tres horas. Cuando volvió a la normalidad, le preguntaron qué había sucedido y él dijo: "Me golpeó algo que me atravesó. Pensé que me habían disparado".

A las dos de la madrugada, ministré a sesenta y cinco personas enfermas que estaban presentes. Las corrientes de Dios que salían por mis manos tenían tanto poder que las personas caían como si les golpeasen. Yo estaba perplejo porque se caían con mucha violencia; y el Espíritu dijo: "No necesitas poner tus manos sobre ellos. Mantén tus manos a distancia". Y cuando yo levantaba mis manos a un palmo de sus cabezas, ellos se derrumbaban y se caían al piso. Casi todos ellos eran sanados.

Aquello era la manifestación externa. Aquello era lo que la gente veía; pero, amados, algo sucedía en mi corazón que hacía que mi alma fuese como el alma de Jesucristo. Oh, había tal ternura, una ternura de Dios nueva que era tan maravillosa que mi corazón se extendía y clamaba, lloraba por los hombres que estaban en pecado. Yo podía rodearlos con mis brazos y amarlos, y Jesucristo los liberaba. Hombres borrachos eran salvados y sanados mientras se quedaban mirándome perplejos.

Durante ese periodo, caminaba por el pasillo y cuando se acercaban a unos tres metros de mí, los he visto caer postrados, uno sobre el otro. Un predicador que había pecado, cuando me miró, cayó postrado, y fue salvo y bautizado en el Espíritu Santo delante de mis propios ojos mientras yo predicaba u oraba.

Continué en el ministerio de sanidad hasta que vi cientos de miles sanados. Al final, me cansé. Seguía ministrando, sanando personas día tras día como si fuese una máquina; y todo el tiempo, mi corazón seguía diciendo: "Oh Dios, permíteme conocerte mejor. Te quiero a Ti; mi corazón te quiere a Ti, Dios". Ver a hombres salvados, sanados y bautizados en el Espíritu Santo no satisfacía el anhelo de mi alma, que clamaba por una mayor conciencia de Dios; el "interior" de mí anhelaba la propia vida y amor de Cristo. Después de un tiempo, mi alma llegó al punto en el que dije: "Si no puedo tener a Dios en mi alma de modo que satisfaga el hambre en mí, el resto de todo esto es vacío". Yo había perdido interés en ello, pero ponía mis manos sobre los enfermos y ellos seguían siendo sanados por el poder de Dios.

Nunca olvidaré Spokane, Washington. Durante los seis primeros meses que estuve allí, Dios dio satisfacción al clamor de mi corazón, y Dios entró y mi mente se abrió y mi espíritu entendió de nuevo, y pude hablar con Dios y derramar ante Él mi corazón como nunca antes había podido hacerlo. Dios alcanzó una nueva profundidad en mi espíritu y reveló nuevas posibilidades en Dios.

Por tanto, amados, sigan orando. Sigan orando por esta iglesia; sigan orando por esta obra. ¡Oh, Dios llegará! Dios llegará con más lenguas de las que ustedes hayan oído. Dios llegará con más poder del que sus ojos hayan contemplado jamás. Dios llegará con oleadas de amor y dulzura celestiales, y sus corazones estarán satisfechos en Él. ¡Bendito sea Dios!

¿Hablará un hombre en lenguas cuando sea bautizado en el Espíritu Santo? Sí, lo hará; y sanará a los enfermos cuando sea bautizado, y glorificará a Dios desde su espíritu con alabanzas más agradables y celestiales de las que ustedes hayan oído. Tendrá un aspecto majestuoso; se parecerá al Señor Jesucristo y será semejante a Él. Bendito sea Dios.

Espíritu Santo sin egoísmo

La mayor manifestación de la vida bautizada en el Espíritu Santo que se haya dado jamás al mundo no estuvo en la predicación de los apóstoles; no estuvo en la maravillosa manifestación de Dios que tuvo lugar a manos de ellos; estuvo en la *falta de egoísmo* manifestada por la iglesia. ¡Piensen en eso! Tres mil cristianos bautizados en el Espíritu Santo en Jerusalén desde el día de Pentecostés en adelante, que amaban a los hijos de su prójimo tanto como a los propios, que estaban tan ansiosos por temor a que sus hermanos no tuviesen suficiente para comer que vendían sus propiedades y llevaban el dinero a los pies de los apóstoles. Ellos decían: "Distribúyanlo; lleven el brillo, la maravilla y el fuego de esta salvación divina a todo el mundo" (véase Hechos 2:44–45). Eso demostraba lo que Dios había hecho en sus corazones. Oh, me gustaría que pudiésemos llegar a ese punto, en el que esta iglesia fuese bautizada en ese grado de falta de egoísmo.

Esa sería una manifestación mayor que la sanidad, mayor que la conversión, mayor que el bautismo del Espíritu Santo, mayor que las lenguas. Sería una manifestación del amor de 1 Corintios 13 del que tantos predican pero que no poseen. Cuando un hombre vende todo para Dios y lo distribuye para el bien del reino, eso habla más fuerte del amor que los evangelistas que proclaman sobre el amor y se oponen a las lenguas y a los otros dones del Espíritu.

Fue el mismo Espíritu Santo que cayó sobre ellos y les hizo hablar en lenguas. Ya no más agarrar para ellos mismos, ya no más bromear por el mayor salario, ya no más ingeniárselas para situarse a ellos mismos y a sus amigos en los puestos de más influencia. Todas las viejas características se fueron. Ellos eran verdaderamente amados. Porque sus corazones eran como el corazón de Jesús, sus almas eran como el alma de Dios. Ellos amaban como Dios amaba: ellos amaban al mundo, y amaban tanto a los pecadores que lo dieron todo para salvarlos.

¿Lo quieren a Él? Pueden tenerlo a Él. Oh, Él llegará y llenará sus almas. Entonces el Espíritu Santo tomará posesión de sus vidas. Él revelará la maravilla del cielo y la gloria de Dios, y la riqueza y la pureza de Su santidad, y les hará dulces y semejantes a Dios para siempre

> Tú no estás lejos, oh Dios. Nuestras almas están envueltas en el Dios eterno. Te sentimos alrededor de nosotros. Sentimos Tus brazos preciosos y amorosos, el latido de Tu corazón y el palpitar de Tu alma celestial, y Te pedimos, oh Dios, que la verdad del Eterno sea soplada en nosotros para siempre, hasta que toda nuestra naturaleza sea sumergida en Dios, sepultada en Dios, llena de Dios, reveladora de Dios.

Capítulo 32

El bautismo del Espíritu Santo

Serie de sermones

Sermón 2 de 3

El bautismo del Espíritu Santo es un tema muy difícil de discutir con un cierto grado de inteligencia; aunque puede que no nos importe admitirlo, el hecho sigue siendo que la densidad de ignorancia entre las personas y el ministerio sobre este tema es atroz. Para ver este tema con algún grado de inteligencia debemos verlo desde el punto de vista de la revelación progresiva. Al igual que el bautismo cristiano, la operación del Espíritu Santo debe verse (comprenderse) en sus diversas etapas de revelación. De otro modo, seremos incapaces de distinguir entre las operaciones del Espíritu en la dispensación del Antiguo Testamento y el bautismo del Espíritu Santo en el Nuevo Testamento.

Al acercarnos incluso al umbral de este tema, parece como si el Espíritu de Dios se acercase a nosotros. Cierta reverencia por Dios viene al alma. Y es mi más sincero deseo que no se permita que entre una ligereza, sátira o sarcasmo en esta discusión, pues tales cosas serían penosas para la ternura del Espíritu de Dios.

Al comienzo de esta revelación, después de la avalancha, parece como si Dios se acercase al hombre desde una gran distancia, pues el pecado había apartado al hombre de su unión original con Dios en el momento de su creación. Dios parece revelarse a Sí mismo al hombre tan rápidamente como el hombre, mediante etapas de desarrollo progresivas, esté preparado para recibir la revelación. Por tanto, vemos que el bautismo fue una revelación mayor del propósito de Dios al purificar el corazón de pecado que la ceremonia original de la circuncisión. Así, el bautismo del Espíritu Santo es una revelación mayor y más perfecta de Dios de lo que lo era la manifestación del Espíritu en las dispensación de los patriarcas o de Moisés.

Se ven claramente tres dispensaciones distintas de Dios, cada una con una manifestación más profunda de Dios al hombre. Una dispensación anterior de Dios nunca destruye una siguiente y más abundante revelación de Dios. Esto se ve de manera más manifiesta al mirar las dispensaciones patriarcal, mosaica y cristiana.

En la dispensación patriarcal vemos a Dios aparecer al hombre con largos intervalos de distancia. Abraham proporciona el mejor ejemplo, porque Dios se le apareció en largos intervalos apartados por veinte y cuarenta años. Lo mismo sucedía con los otros patriarcas.

Bajo la dispensación mosaica hay una manifestación de Dios más profunda y más clara. Dios estaba siempre presente en la columna de nube y la columna de fuego. También estaba presente en el tabernáculo, donde la gloria shekinah cubría el propiciatorio. Esta es una revelación de Dios continua y permanente. Era Dios *con* el hombre, no *al* hombre, como sucedía en la dispensación patriarcal. Dios guiaba, dirigía, perdonaba, santificaba y moraba *con* el hombre.

Pero la revelación de Dios bajo la dispensación cristiana es una revelación de Dios y más profunda y verdadera que esa. Es Dios *en* el hombre. Es la llegada real del Espíritu de Dios para vivir en el hombre. Esto nos lleva donde podemos ver el propósito de Dios al revelarse a Sí mismo al hombre mediante etapas progresivas de revelación.

El hombre, por etapas progresivas mediante el arrepentimiento y la fe, es purificado; no sólo perdonado por sus transgresiones, sino también limpiado de la naturaleza de pecado en su interior que le hace transgredir. Esta limpieza del pecado innato, la naturaleza de pecado, la mente carnal, el viejo hombre, etc., es la eliminación real de nuestro interior del deseo de pecar, y toda relación con el pecado en nosotros es cortada. La vida carnal es entregada como sacrificio sobre el altar de Cristo en alegre rendición. Esta limpieza interior del corazón que Juan y los discípulos de Cristo demandaban es la obra del Espíritu Santo por la sangre, y es necesaria si ha de lograrse la madurez en Cristo. Un Dios santo debe tener un lugar de morada santo.

¡Oh, maravillosa salvación, maravilloso Cristo, maravillosa expiación! El hombre, nacido en pecado y formado en iniquidad, perdonado, limpiado, purificado por fuera y por dentro por la sangre de Jesús, y hecho habitación (lugar de morada) de Dios. Así fue como el hombre creado a semejanza de Dios sería de nuevo el lugar de morada de Dios. Eso es lo que proporcionó la sangre expiatoria de Cristo.

> *Cristo nos redimió de la maldición de la ley, hecho por nosotros maldición (porque está escrito: Maldito todo el que es colgado en un madero), para que en Cristo Jesús la bendición de Abraham alcanzase a los gentiles, a fin de que por la fe recibiésemos la promesa del Espíritu.*
> (Gálatas 3:13–14)

Esto nos revela el propósito de Dios, por la sangre de Jesucristo, de que ahora nos convirtamos en habitación de Dios, "*en quien vosotros también sois juntamente edificados para morada de Dios en el Espíritu*" (Efesios 2:22). Una vez más, en 1 Corintios 6:19, vemos a Pablo sorprendido diciendo: "*¿O ignoráis que vuestro cuerpo es templo del Espíritu Santo?*". Ahora veamos dónde estamos, y entonces entenderemos mejor cómo seguir.

El Espíritu Santo es el Espíritu de Dios. Su propósito es vivir en el hombre después de la perfecta limpieza de pecado del hombre por medio de la sangre de

Jesucristo. La venida del Espíritu Santo fue definitiva, igual que fue definitiva la venida de Jesús. Cuando Jesús nació, Su nacimiento fue proclamado por la voz de un ángel y de una multitud de las huestes celestiales que alababan a Dios (véase Lucas 2:9, 13–14).

Igualmente, la venida del Espíritu Santo fue atestiguada por Su forma corporal como de paloma (véase Lucas 3:22) y por el sonido del cielo como de un fuerte viento, y por las lenguas como de fuego que descansaron sobre cada uno en el aposento alto (véase Hechos 2:2–3). Paloma celestial, tempestad y lenguas de fuego que coronaron a los ciento veinte tan convincentes como la estrella y el grito a medianoche de las multitudes de ángeles. La venida del Espíritu Santo sobre los ciento veinte se encuentra en el segundo capítulo de Hechos.

En la Última Cena, cuando Jesús se dirigió a los discípulos, les dijo:

> *Pero yo os digo la verdad: Os conviene que yo me vaya; porque si no me fuera, el Consolador no vendría a vosotros; mas si me fuere, os lo enviaré. Y cuando él venga, convencerá al mundo de pecado, de justicia y de juicio.*
>
> (Juan 16:7–8)

Cuando los discípulos estaban juntos en Jerusalén después de la resurrección, cuando los dos discípulos que habían caminado con Él a Emaús estaban conversando con los once discípulos, Jesús mismo se puso en medio de ellos, y les dijo: "*Paz a vosotros*" (Lucas 24:36). Ellos tenían miedo, creyendo que habían visto un espíritu. Jesús se dirigió a ellos y les dijo:

> *He aquí, yo enviaré la promesa de mi Padre sobre vosotros; pero quedaos vosotros en la ciudad de Jerusalén, hasta que seáis investidos de poder desde lo alto.* (Lucas 24:49)

Entonces, en el primer capítulo de Hechos, encontramos que los ciento veinte esperaron en oración en el aposento alto durante diez días. Por tanto, hay cincuenta y tres días desde la crucifixión de Jesús hasta el día de Pentecostés.

Hubo un día de crucifixión. Era necesario. Y ahora nosotros, los hijos de Dios, debemos ser crucificados con Cristo y libres del pecado; nuestro viejo hombre debe ser clavado a la cruz. Morimos al pecado; un acto real, una experiencia genuina; consumado es. Por tanto, somos hechos participantes de la muerte de Cristo.

Pero hay un día de resurrección. Jesús resucitó como un Cristo vivo, no muerto. Él vive. Él vive. Y mediante nuestra resurrección con Él a nuestra nueva vida, dejamos la vieja vida de pecado y el hombre viejo enterrados en el bautismo (véase Romanos 6), y somos hechos participantes de Su nueva vida resucitada. La vida de poder, el ejercicio del poder de Dios es posible para nosotros por medio de Jesús, habiéndonos elevado a Su propia vida resucitada mediante la verdadera experiencia espiritual.

Entonces llegó Su ascensión, igual de necesaria que la crucifixión y la resurrección. Jesús ascendió al cielo y se sienta triunfante a la diestra del Padre. Y según Su promesa, Él nos envió al Espíritu Santo. Esta experiencia es personal y dispensacional. El Espíritu Santo desciende sobre nosotros, entrando en nosotros, porque el bautismo del Espíritu Santo es el Dios santo, el Espíritu de Jesús tomando posesión de nuestras personalidades, viviendo en nosotros, moviéndose en nosotros y controlándonos. Nos convertimos en participantes de Su vida glorificada, la vida de Cristo en la gloria. Así sucedió con los ciento veinte.

> *Y de repente vino del cielo un estruendo como de un viento recio que soplaba, el cual llenó toda la casa donde estaban sentados; y se les aparecieron lenguas repartidas, como de fuego, asentándose sobre cada uno de ellos. Y fueron todos llenos del Espíritu Santo, y comenzaron a hablar en otras lenguas, según el Espíritu les daba que hablasen.* (Hechos 2:2–4)

Fue el Espíritu quien habló en otras lenguas. ¿Qué Espíritu? El Espíritu Santo, que había entrado en ellos, que los controlaba, que habló por medio de ellos. ¡Escuchen! Hablar en lenguas es la voz de Dios.

¿Escuchan la voz de Dios? Ellos hablaban tal como el Espíritu les daba que hablasen.

Ahora hemos avanzado hasta donde podemos entender las manifestaciones de Dios; no Dios testificando *al* hombre, no Dios *con* el hombre, sino en Dios *en* el hombre. Ellos hablaban como el Espíritu les daba que hablasen.

Él es el Cristo, el Hijo de Dios. Su expiación es una expiación real. El hombre se convierte otra vez en el lugar de morada de Dios.

Ahora veamos uno de los capítulos más milagrosos en toda la Palabra de Dios: Hechos 10. Un hombre, Cornelio, está orando. Es un centurión gentil; un ángel se le aparece, y el ángel habla. El ángel le dice que envíe a Jope a buscar a Pedro. Pedro es judío, y debe ir a la casa de un gentil. Él no ha aprendido que la salvación es para los gentiles. Dios tiene que enseñarle. ¿Cómo lo hace Dios?

Pedro sube al terrado a orar y, mientras ora, entra en un trance. Piensen en eso: un trance. Él cae en un trance. Supongamos que yo me cayese al piso en un trance. Casi la totalidad de esta audiencia se llevaría un susto de muerte. Al instante declararían que mi oponente [Du Toit] me había hipnotizado. ¿Por qué? Debido a la ignorancia entre los hombres sobre cómo opera el Espíritu de Dios. Pero escuchen. ¡Escuchen! Mientras Pedro está en el terrado en un trance, tiene una visión: baja del cielo un lienzo, agarrado por las cuatro esquinas, lleno de todo tipo de animales. Y una voz; ¿qué voz? La voz del Señor dijo: "*Levántate, Pedro, mata y come*" (Hechos 10:13).

Pero Pedro dijo: "*Señor, no; porque ninguna cosa común o inmunda he comido jamás*" (versículo 14).

Pero la voz dijo: "*Lo que Dios limpió, no lo llames tú común*" (versículo 15). Pedro obedeció. Se fue con los mensajeros. Ahora vemos los resultados. Cuando Pedro habló la Palabra, el Espíritu Santo cayó sobre todos los que oían la Palabra. "*Y los fieles de la circuncisión que habían venido con Pedro se quedaron atónitos de que también sobre los gentiles se derramase el don del Espíritu Santo*" (versículo 45).

¿Cómo lo supieron? "*Porque los oían que hablaban en lenguas, y que magnificaban a Dios*" (Hechos 10:46). Entonces Pedro respondió: "*¿Puede acaso alguno impedir el agua, para que no sean bautizados estos que han recibido el Espíritu Santo también como nosotros?*" (versículo 47). Y por tanto, se produjo un glorioso servicio de bautismos en agua de todos los que habían sido bautizados en el Espíritu Santo.

En Hechos 22:12 Pablo habla de Ananías que fue a verlo, ¿pero cómo supo Ananías que Pablo estaba allí?

> *Había entonces en Damasco un discípulo llamado Ananías, a quien el Señor dijo en visión... Levántate, y ve a la calle que se llama Derecha,*

> *y busca en casa de Judas a uno llamado Saulo, de Tarso; porque he aquí, él ora.*
> (Hechos 9:10–11)

Ahora veamos eso como lo veríamos en la actualidad. El Señor dijo: "Ananías, ve a la calle Derecha, a casa de Judas y pregunta un hombre llamado Saulo de Tarso, porque él esta orando". Y entonces el Señor le dijo a Ananías lo que Saulo había visto:

> *Y ha visto en visión a un varón llamado Ananías, que entra y le pone las manos encima para que recobre la vista.* (Hechos 9:12)

Aquí, Ananías dialogó con el Señor. ¿Conocen algo de tal comunión o charla escondidos? Si no es así, obtengan el bautismo del Espíritu Santo al igual que los primeros cristianos, y el conocimiento y las experiencias que ellos tuvieron después pueden ser de ustedes, y verán al igual que nosotros la operación del Señor sobre santos y pecadores por igual mediante el Espíritu Santo. Los hombres nos dicen: "¿Dónde obtienen su perspectiva de la Palabra?". La obtenemos donde Pablo y Pedro la obtenían: de Dios, por el Espíritu Santo (véase Gálatas 1:11–12).

Amados, lean la Palabra de Dios de rodillas. Pidan a Dios, por Su Espíritu, que la abra para que la entiendan. Lean la Palabra con un corazón abierto, pues es lámpara a nuestros pies y luz a nuestro camino (véase Salmo 119:105).

Ananías fue como el Señor le había dirigido, y encontró a Pablo. Y Pablo fue sanado de su ceguera y fue bautizado en el Espíritu Santo, y también fue bautizado en agua y hablaba en lenguas "*más que todos vosotros*" (1 Corintios 14:18).

Ahora, volvamos a leer Hechos 22. Ananías estaba hablando a Pablo, y dijo:

> *El Dios de nuestros padres te ha escogido para que conozcas su voluntad, y veas al Justo, y oigas la voz de su boca. Porque serás testigo suyo a todos los hombres, de lo que has visto y oído. Ahora, pues, ¿por qué te detienes? Levántate y bautízate, y lava tus pecados, invocando su nombre.* (Hechos 22:14–16)

Miren, al igual que con Pedro en casa de Cornelio, toda esta obra del Espíritu terminó en salvación y bautismo.

Dios, por medio de Ananías, prometió a Pablo que conocería "*su voluntad, y veas al Justo, y oigas la voz de su boca*" (Hechos 22:14). ¿Cuándo sucedió eso? Tres años después, cuando Pablo regresó a Jerusalén: "*Después, pasados tres años, subí a Jerusalén*" (Gálatas 1:18).

> *Y me aconteció, vuelto a Jerusalén, que orando en el templo me sobrevino un éxtasis.*
>
> (Hechos 22:17)

Piensen en eso: el intelectual y maravilloso Pablo, el maestro teólogo de las edades, el orador de oradores, el lógico de lógicos, en un éxtasis. Bendito sea Dios por ese éxtasis, pues fue el cumplimiento de lo que Ananías le había dicho tres años antes.

> *Y le vi que me decía* [a Jesús]: *Date prisa, y sal prontamente de Jerusalén; porque no recibirán tu testimonio acerca de mí.* (Hechos 22:18)

Ahora bien, ¿qué es un éxtasis? Un éxtasis o trance es cuando el Espíritu toma dominio sobre la mente y el cuerpo; y durante ese periodo, el control del individuo es por el Espíritu. Pero nuestra ignorancia de las operaciones de Dios es tal que incluso se sabe que ministros de la religión han dicho que es del diablo.

Veamos de dónde obtuvo Pablo su comisión de predicar y sus instrucciones sobre lo que debía predicar, y cuál debía ser su condición y su actitud cuando Jesús le dio su comisión (véase Hechos 26:16–18). Él estaba caído en el suelo en su camino a Damasco. Ahora bien, si nosotros viéramos a alguien caído en el suelo y hablando con alguien invisible, no hay ninguna duda de que llamaríamos a una ambulancia o a la policía en nuestra ignorancia. Pero fue allí donde el Cristo glorificado habló a Pablo y le dio instrucciones concretas con respecto a lo que él debería predicar, y que el propósito de su predicación había de ser la salvación y no el entretenimiento de los demás.

> *Pero levántate, y ponte sobre tus pies; porque para esto he aparecido a ti* [Jesús], *para ponerte por ministro y testigo de las cosas que has visto, y de aquellas en que me apareceré a ti.*
> (Hechos 26:16)

Jesús prometió aparecer otra vez a Pablo, y eso se cumplió cuando él estaba en un trance en el templo tres años después.

Ahora el objeto de su predicación era:

> *Para que abras sus ojos, para que se conviertan de las tinieblas a la luz, y de la potestad de Satanás a Dios; para que reciban, por la fe que es en mí* [Jesús], *perdón de pecados y herencia entre los santificados.* (Hechos 26:18)

Así, vemos y podemos entender las operaciones de Dios por Su Espíritu. Y ahora, ¿está el Espíritu Santo en la iglesia en la actualidad? Verdaderamente está, pero ustedes dicen: "No le vemos obrar de esa manera". ¿A qué se debe? Porque ustedes dicen que todas esas cosas eran para los tiempos de los apóstoles. No pueden tomar la Palabra de Dios y encontrar un sólo lugar donde los dones del Espíritu Santo se retirasen.

Los nueve dones del Espíritu Santo se encuentran en el capítulo doce de 1 Corintios:

> *Porque a éste es dada por el Espíritu palabra de sabiduría; a otro, palabra de ciencia*

> *según el mismo Espíritu; a otro, fe por el mismo Espíritu; y a otro, dones de sanidades por el mismo Espíritu. A otro, el hacer milagros; a otro, profecía; a otro, discernimiento de espíritus; a otro, diversos géneros de lenguas; y a otro, interpretación de lenguas. Pero todas estas cosas las hace uno y el mismo Espíritu, repartiendo a cada uno en particular como él quiere.*
> (1 Corintios 12:8–11)

Oh, gloria a Dios por el descubrimiento de los dones del Espíritu Santo, y especialmente por el don de sanidad. Que todos aprendamos a conocer a Cristo no sólo como Salvador, sino también como nuestro Santificador y Sanador.

Ahora enumeraré estos dones con mis dedos: primero, sabiduría; segundo, conocimiento; tercero, fe; cuarto, sanidad; quinto, milagros; sexto, profecía; séptimo, discernimiento de espíritus; octavo, diversos géneros de lenguas; y noveno, interpretación de lenguas. Hemos visto que el Espíritu Santo vino a la iglesia en Pentecostés, y los dones son en el Espíritu Santo. Por consiguiente, si el Espíritu Santo llegó a la iglesia, los dones también están aquí. Debido a la falta de fe, no los vemos ejercitados en la iglesia normalmente. Sostenemos que obtenemos los dones del Espíritu Santo mediante nuestro bautismo personal en el Espíritu Santo, y el poder del Espíritu Santo tal como prometió Jesús. Sí, como Él ordenó: "*Pero recibiréis poder, cuando haya venido sobre vosotros el Espíritu Santo*" (Hechos 1:8).

La gente pregunta: "¿Qué es el don de lenguas?". Hablar en lenguas es la voz (u operación) del Espíritu de Dios en el interior. Cuando llegó el Espíritu Santo, Él habló. Una vez más, en Hechos 10:44–48, cuando el Espíritu Santo cayó sobre ellos Pedro demandó el derecho a bautizarlos en agua, diciendo: "*¿Puede acaso alguno impedir el agua, para que no sean bautizados estos que han recibido el Espíritu Santo también como nosotros?*" (versículo 47); porque "*los oían que hablaban en lenguas, y que magnificaban a Dios*" (versículo 46).

Las lenguas son la evidencia del bautismo del Espíritu Santo—que, a su vez, da evidencia de la salvación de la persona—, mediante las cuales Pedro reclamó el derecho a bautizarles en agua. De nuevo, en Hechos 19, Pablo se encontró con doce hombres en Éfeso a quienes Juan había bautizado para arrepentimiento, pero entonces Pablo los bautizó otra vez con el bautismo cristiano. En el versículo 5 leemos que cuando ellos oyeron el mensaje de Pablo fueron bautizados (bautismo en agua) en el nombre del Señor Jesús. Cuando Pablo hubo impuesto sus manos sobre ellos, el Espíritu Santo cayó sobre ellos y hablaron en lenguas y profetizaron. "*Así que, las lenguas son por señal, no a los creyentes, sino a los incrédulos*" (1 Corintios 14:22).

Capítulo 33

El bautismo del Espíritu Santo y algunas de las cosas que ha producido en mi vida

Serie de sermones

Sermón 3 de 3

El bautismo del Espíritu Santo tenía tal importancia en la mente del Señor Jesucristo que Él mandó a Sus discípulos que esperasen en Jerusalén: "*hasta que seáis investidos de poder desde lo alto*" (Lucas 24:49). Y ellos cumplieron lo que el Señor les había ordenado, esperando en Dios en una continua reunión de oración en el aposento alto durante diez días hasta que se cumplió la promesa del Padre (véase Lucas 24:49) y cayó ese bautismo del cual hablaba Juan el Bautista, diciendo:

> *Yo a la verdad os bautizo en agua para arrepentimiento; pero el que viene tras mí, cuyo calzado yo no soy digno de llevar, es más poderoso que yo; él os bautizará en Espíritu Santo y fuego.*
> (Mateo 3:11)

A fin de obtener del cielo el Espíritu de Jesús (el Espíritu Santo), antes es necesario que el individuo sepa que sus pecados son borrados, que la sangre de Jesucristo ha santificado su corazón y le ha limpiado de la naturaleza pecaminosa o adámica: la inherente naturaleza de pecado (véase Efesios 2:1–3).

Personalmente, creo que mis pecados han sido borrados, pero fue sólo dos meses antes de mi bautismo en el Espíritu Santo cuando aprendí por la Palabra de Dios y experimenté en mi vida el poder santificador de Dios subyugando el alma y limpiando la naturaleza de pecado. Esa limpieza de la vida interior fue para mí la obra culminante de Dios en mi vida en ese momento, y nunca dejaré de alabar a Dios porque Él me reveló, por el Espíritu Santo, la profundidad del poder de la sangre de Jesús.

Muchos preguntan: "¿Cuál es la razón de que, cuando el corazón es santificado y ha tenido lugar el conocimiento consciente de esa limpieza, uno no sea instantáneamente bautizado en el Espíritu Santo?". Por mi propia experiencia y las experiencias de otros, enseguida se ve que a pesar de que el corazón es limpiado de pecado, sigue siendo necesario en muchos casos que el Señor espiritualice la personalidad hasta que el individuo haya llegado a ser suficientemente receptivo para recibir en su persona al Espíritu Santo. Las fuerzas de nuestra personalidad deben ser sometidas a Dios. A esto nos referimos comúnmente como espiritualizar.

En muchas ocasiones, aunque el corazón es realmente puro, el individuo no ha recibido enseguida el bautismo del Espíritu Santo, y a veces ha abandonado con desesperación y ha regresado a sus primeras obras, creyendo que aún debe de haber pecado en su corazón, desacreditando así lo que Dios ya ha hecho en su interior por medio de la sangre de Jesús. No, no siempre es que el corazón siga siendo impuro; no se debe a que uno no haya sido profundamente santificado. Es sólo que Dios está esperando y obrando para llevar a la persona al lugar y espiritualizar su personalidad lo suficiente para que pueda recibir al Espíritu Santo en su ser.

El bautismo del Espíritu Santo no es una influencia, tampoco un sentimiento, ni dulces sensaciones, aunque puede incluir todas esas cosas. El bautismo del Espíritu Santo es la llegada a su personalidad del Espíritu Santo, que es el Espíritu de Jesús, y que toma verdadera posesión de su espíritu (hombre interior), de su alma (la mente y la vida animal), y de su carne. Él posee el ser entero. La carne algunas veces se estremece debido a la presencia del Espíritu de Dios en la carne. Daniel y quienes le rodeaban se estremecieron mucho cuando el Espíritu del Señor vino sobre ellos (véase Daniel 10:5–13).

Amado lector, ¿entiende usted que el Espíritu de Jesús es quien está buscando entrada en su corazón y su vida? ¿Entiende que es el Espíritu de Jesús dentro del espíritu, el alma y el cuerpo del creyente bautizado quien lo mueve de maneras a veces extrañas, pero que lleva a cabo la maravillosa obra de Dios dentro de la vida, de modo que cada creyente bautizado alaba a Dios por lo que ha tenido lugar en él?

Aunque yo era un hombre justificado aunque sin una experiencia de santificación, el Señor me otorgó en cierta medida el ministerio de sanidad, puesto que muchos fueron sanados y tuvieron lugar verdaderos milagros de sanidad en algunos casos. Sin embargo, yo no conocía a Dios como mi Santificador. Diez años después, cuando la santificación se había convertido en un hecho en mi vida, un grande y maravilloso anhelo de ser bautizado en el Espíritu Santo y fuego llegó a mi corazón. Después de buscar a Dios persistentemente casi día y noche durante dos meses, el Señor me bautizó en el Espíritu Santo, haciéndome hablar en lenguas y magnificar a Dios.

Yo había buscado, había orado y había anhelado el verdadero poder de Dios para el ministerio de sanidad, y había creído que cuando fuese bautizado en el Espíritu Santo, la presencia de Dios en mí, mediante el Espíritu, haría por los enfermos las cosas que mi corazón deseaba y que ellos necesitaban. Al instante, al ser bautizado en el Espíritu, yo esperaba ver a los enfermos sanados en mayor grado y en números más grandes de lo que había conocido antes, y estuve un poco defraudado durante un tiempo.

¡Qué poco sabemos de nuestra propia relación con Dios! Qué poco sabía yo de mi propia relación con Él. Día tras día, durante seis meses después de mi bautismo en el Espíritu Santo, el Señor me reveló cosas en mi vida en las que eran necesarias arrepentimiento, confesión y restitución, aunque yo me había arrepentido delante de Dios hacía mucho tiempo. En cuanto a la limpieza profunda, las revelaciones profundas del propio corazón por el Espíritu Santo, fue verdaderamente como dijo Juan el Bautista:

> *Su aventador está en su mano, y limpiará su era; y recogerá su trigo en el granero, y quemará la paja en fuego que nunca se apagará.*
> (Mateo 3:12)

En primer lugar, diré que el bautismo en el Espíritu Santo significó para mí un examen de corazón como nunca antes lo había conocido, sin descanso, hasta que la sangre fue aplicada conscientemente a cada lugar y mi vida fue libre de aquello en particular que Dios había revelado. Como digo, ese proceso continuó durante seis meses después de mi bautismo en el Espíritu Santo.

En segundo lugar, un amor por la humanidad como nunca antes había comprendido tomó posesión de mi vida. Sí, un anhelo del alma de ver a hombres salvados tan profundo, a veces desgarrador, hasta que, en agonía del alma, me veía obligado a abandonar mis asuntos y volver mi atención a llevar a los hombres a los pies de Jesús. Mientras se llevaba a cabo este proceso en mi corazón, durante varios meses cuando a veces llegaban a mi oficina personas para hacer negocios, y hasta hubo ocasiones en las que habría grandes beneficios por unos cuantos minutos de persistente aplicación a los negocios, el Espíritu de amor en mí anhelaba tanto las almas que yo ni siquiera podía ver los beneficios que se obtendrían. Bajo esa influencia, el dinero perdía su valor para mí, y en muchas ocasiones me encontraba a mí mismo incapaz de hablar de negocios con el individuo hasta que antes hubiera derramado la pasión de mi alma y me hubiera esforzado por mostrarle a Jesús como su Salvador. En no pocas de esas ocasiones, aquellas citas de negocios terminaban con el individuo entregándose a Dios.

Esa pasión de amor por las almas de los hombres a veces ha sido nublada por el peso del interés desde entonces, aunque sólo por un momento. De nuevo, cuando la ocasión lo demandaba, esa gran llama de amor, que absorbe todo el ser de la persona, ardía con fuerza hasta que, en muchas ocasiones, bajo la unción del Espíritu Santo, los pecadores caían en mis brazos y entregaban sus corazones a Dios.

Otros han buscado evidencias de que esta experiencia pentecostal es el verdadero bautismo del Espíritu Santo. Algunos han criticado y han dicho: "¿No es un engaño?". En toda la escala de evidencias presentadas a mi alma y tomadas de mi propia experiencia, esta experiencia del amor divino, el ardiente amor y la santa compasión de Jesucristo que llena el seno de la persona hasta que ningún sacrificio es demasiado grande para ganar un alma para Cristo, me demuestra más que ninguna otra cosa que es, sin duda alguna, la evidencia del Espíritu de Jesús. ¡Tal amor no es humano! ¡Tal amor sólo es divino! Tal amor es sólo Jesús mismo, quien entregó Su vida por los demás.

Una vez más, experimenté el desarrollo del poder. Después del poderoso amor llegó el poder renovado y vigorizado de sanidad de los enfermos. ¡Oh, qué cosas tan benditas Dios ha dado! ¡Qué gloriosas resurrecciones de los prácticamente muertos! ¡Qué restauraciones de los cojos, los débiles y los ciegos! ¡Qué gritos de gozo! ¡Qué abundancia de paz! Verdaderamente, "*El mismo tomó nuestras enfermedades, y llevó nuestras dolencias*" (Mateo 8:17).

Entonces, el poder de predicar la Palabra de Dios con demostración del Espíritu llegó como nunca antes. ¡Oh, los ardientes y encendidos mensajes! ¡Oh, los tiernos, tiernos mensajes! ¡Oh, las profundas revelaciones de maravillosa verdad por el Espíritu Santo! Predicando una vez, dos veces, a veces tres veces al día, prácticamente de manera continua durante esos cuatro años y cuatro meses. ¡Oh, los miles de personas a las que Dios nos ha permitido guiar a los pies de Jesús y los cientos de miles a quienes Él nos ha permitido predicar la Palabra!

Después llegó el fuerte y vigoroso ejercicio de dominio sobre demonios para echarlos fuera. Desde aquel momento, muchas personas dementes y poseídas han sido liberadas a medida que espíritus de demencia y todo tipo de demonios impuros han sido echados fuera en el poderoso nombre de Jesús mediante el poder de la preciosa sangre. Santos han sido guiados a una vida más profunda en Dios. Muchos, muchos han sido bautizados en el Espíritu Santo y fuego. Verdaderamente, el bautismo en el Espíritu Santo ha de ser deseado con todo el corazón.

Hermano, hermana, cuando estemos delante del tribunal de Dios y nos pregunten por qué no hemos cumplido en nuestra vida toda la mente de Cristo y todo Su deseo de la salvación del mundo, ¿cuáles serán nuestras excusas si son sopesadas con la salvación de almas imperecederas? Qué terrible será para nosotros decir que descuidamos, que aplazamos, que no buscamos el poder que viene de lo alto: el bautismo del Espíritu Santo.

De nuevo, ¿estamos cerca de Dios? ¿Podemos decir que sólo después de que el Señor nos bautizó en el Espíritu Santo realmente aprendimos a orar? Cuando Él oró por medio de nosotros, cuando los clamores por las almas, nacidos del Espíritu Santo, salieron de su ser y subieron hasta el trono de Dios, llegó la respuesta: las oraciones de Él, Su clamor sincero, Su anhelo. Que Dios ponga en cada corazón que veamos ciertamente la respuesta de la oración de nuestro Señor:

"*Venga tu reino. Hágase tu voluntad, como en el cielo, así también en la tierra*" (Mateo 6:10).

Pero alguien preguntará: "¿Y qué de las lenguas? Entendemos que usted enseñó en las lenguas eran la evidencia del bautismo en el Espíritu Santo". Y así es. Las lenguas son una señal para quienes no creen (véase 1 Corintios 14:22). Aunque yo alabo personalmente a Dios por las maravillosas y benditas verdades de Su Palabra por el Espíritu—revelaciones en doctrina, en profecía, en poemas por el Espíritu Santo en lenguas con interpretación—que Él me ha dado, sin embargo, por encima de todas las evidencias externas, de lo que Dios lleva a cabo en su propia vida demostrando a su propia conciencia las operaciones de Dios, no hay duda de que es la mayor evidencia para el creyente mismo. Porque aquello que se conoce en la conciencia no puede negarse. Nos mantenemos firmemente en el terreno de la Escritura al decir que todo individuo que es bautizado en el Espíritu Santo hablará y habla en lenguas.

Bautismo significa un grado del Espíritu en la vida suficiente para dar al Espíritu de Dios tal control absoluto de la persona, que Él podrá hablar por medio de ella en lenguas. Cualquier grado menor no puede denominarse el bautismo o inmersión, y sentimos que no podría hablarse adecuadamente de eso como unción. La vida puede que sea cubierta con profundas unciones del Espíritu Santo; sin embargo, no en un grado suficiente para ser denominadas adecuadamente bautismo.

Acerca del autor

John G. Lake

John Graham Lake nació el 18 marzo 1870 en St. Mary's, Ontario, Canadá. Sus padres trasladaron a la familia de dieciséis hijos a Sault Ste. Marie, Michigan cuando él era un niño pequeño. A los veintiún años de edad, se convirtió en ministro metodista; sin embargo, decidió comenzar un periódico en Harvey, Illinois, en lugar de aceptar un ministerio en la iglesia. Desde el negocio del periódico, Lake extendió su carrera abriendo una oficina de bienes inmuebles en Sault Ste. Marie cuando él y su joven y enferma esposa regresaron allí por causa de la salud de ella.

En 1901, a la edad de treinta y un años, Lake se trasladó a Zion, Illinois, para estudiar sanidad divina bajo John Alexander Dowie. En 1904, Lake decidió reubicarse en Chicago comprando para sí mismo un asiento en la Comisión de Mercado de Chicago. Pudo acumular más de 130.000 dólares en el banco y bienes inmuebles por valor de 90.000 dólares en un período de un año. Eso captó la atención de altos ejecutivos de negocios que pidieron a Lake que formase una compañía fiduciaria de las tres mayores empresas del país por un salario garantizado de 50.000 dólares al año. Él era entonces un alto consultor de negocios para altos ejecutivos de negocios, haciendo dinero también mediante sustanciosas comisiones. Según los estándares a finales del siglo, Lake estaba ganando una fortuna.

Durante su vida empresarial, Lake había formado el hábito de hablar en algún lugar prácticamente cada noche, después de lo cual se reunía con amigos de un mismo sentir en la búsqueda del bautismo del Espíritu Santo. Finalmente en 1906, mientras él y otro ministro estaban orando por una mujer inválida, experimentó profundas "corrientes de poder" que atravesaban todo su ser, y la mujer fue sanada al instante.

Tal fue el poder de su unción que él escribió al respecto que era semejante al relámpago de Jesús: "¡Ustedes hablan sobre el voltaje del cielo y el poder de Dios! ¡Pues hay relámpagos en el alma de Jesús! ¡Los relámpagos de Jesús sanan a los hombres con su toque! ¡El pecado se disuelve y la enfermedad huye cuando se acerca el poder de Dios!". Lake también comparaba la unción del Espíritu de Dios con el poder de la electricidad. Al igual que los hombres habían aprendido las leyes de la electricidad, Lake había descubierto las leyes del Espíritu. Y, como "la vara de electricidad" de Dios, él se levantó dentro del llamado de Dios para electrizar las potestades de las tinieblas y unir al cuerpo de Cristo.

Durante un tiempo, Lake pudo compaginar su gran éxito secular y su creciente deseo por Dios. Había aprendido a andar en el Espíritu tal como él describió: "Se volvió fácil para mí apartarme del curso de la vida, de modo que mientras mis manos y mi mente estaban ocupadas en los asuntos comunes de cada día, mi espíritu mantenía su actitud de comunión con Dios". Pero en 1907 se rindió al llamado al ministerio a tiempo completo, y él y Jennie se deshicieron de sus cuentas bancarias y de todas sus propiedades donándolo todo a la caridad. Desde ese momento en adelante, los Lake dependían solamente de Dios para su sustento mientras viajaban por el país ministrando.

En enero de 1908 comenzaron a orar por las finanzas necesarias para llevar a su equipo a África. En abril de ese mismo año, los Lake y sus siete hijos partieron para África sólo con el dinero suficiente para pagar el pasaje del barco. En fe, creyeron a Dios para recibir las finanzas necesarias para que se les admitieran en el país, y para su sustento cuando llegasen. El Señor proveyó exactamente lo que ellos necesitaban cuando estaban en la fila para pagar las tasas de inmigración de Sudáfrica a fin de poder bajarse del barco. Antes de que la familia ni siquiera saliera de cubierta cuando habían desembarcado se presentó una milagrosa oferta de una casa. Ellos se establecieron inmediatamente en una casa amueblada en Johannesburgo.

Días después, pidieron a John que ocupase el puesto de un pastor de Sudáfrica que estaba tomando permiso para ausentarse. Más de quinientos zulúes asistieron a su primer domingo en el púlpito y, como resultado, se produjo un avivamiento hasta tal extremo que, semanas después, multitudes en el área circundante fueron salvas, sanadas y bautizadas en el Espíritu Santo. El éxito sorprendió tanto a Lake que escribió: "Desde el principio, fue como si hubiera golpeado el ciclón espiritual". En menos de un año, él había comenzado cien iglesias.

El éxito en el ministerio tuvo un precio, sin embargo. Antes del final del año, el 22 diciembre de 1908, Lake llegó a casa y encontró muerta a Jennie. Quedó devastado. A principios de 1909 regresó a los Estados Unidos para recuperarse, recaudar apoyo económico y reclutar nuevos obreros. En enero de 1910 regresó a África en medio de una horrible plaga que había allí. Él estuvo entre los pocos que ministraron a los enfermos y los moribundos. El demostró a los médicos locales que los gérmenes no vivirían en su cuerpo debido a que el Espíritu Santo estaba vivo en él. Realmente lo verificó bajo un microscopio, mostrando que los gérmenes morían al entrar en contacto con su cuerpo. Quienes fueron testigos del experimento se quedaron sorprendidos cuando Lake dio gloria a Dios, explicando que: "Es la ley del Espíritu de vida en Cristo Jesús. Yo creo que, mientras mantenga mi alma en contacto con el Dios vivo de modo que Su Espíritu esté fluyendo a mi alma y a mi cuerpo, ningún germen se quedarán nunca en mí porque el Espíritu de Dios lo matará".

En 1912, después de cinco años de ministerio en África, habiendo producido 1.250 predicadores, 625 congregaciones y cien mil convertidos, Lake regresó a los Estados Unidos. En 1913 se casó con Florence Switzer, con quien tuvo cinco hijos. Se establecieron en Spokane, Washington, donde fundaron el Hogar de Sanidad de Spokane y la Iglesia Apostólica, que atrajeron a miles de personas de todo el mundo para recibir ministerio y sanidad. En mayo de 1920 los Lake se trasladaron de Spokane a Portland, Oregon, donde comenzaron otra iglesia apostólica y ministerio de sanidad similares.

En 1924 Lake era conocido en todos los Estados Unidos como un destacado evangelista de sanidad. Había establecido cuarenta iglesias en los Estados Unidos y Canadá, en las cuales había habido tantas sanidades que sus congregaciones le pusieron el apodo de "Dr." Lake.

En 1931 Lake regresó a Spokane a la edad de sesenta y un años. Estaba débil por la fatiga y casi ciego. Dios finalmente restauró su visión después de que Lake tuviera una "charla" con el Señor al respecto. Tristemente, después de regresar de un picnic de la iglesia el Día del Trabajo en 1935, John G. Lake se fue a casa para estar con el Señor. Tenía sesenta y cinco años de edad.

Acerca del compilador

Roberts Liardon

Autor de más de cuatro docenas de libros cristianos y de autoayuda, Roberts comenzó su carrera en el ministerio cuando dio su primera conferencia pública a la edad de trece años. A los diecisiete años de edad publicó su primer libro, *I Saw Heaven* [Yo Vi el Cielo], el cual le catapultó a la escena pública. Cuando tenía dieciocho años de edad era uno de los principales oradores públicos del mundo.

Como historiador de la iglesia, Roberts estudia fervientemente nuestra herencia cristiana. A los doce años de edad, recibió enseñanza de Dios para estudiar a los héroes de la fe del pasado, y obtuvo perspectivas de sus éxitos y sus fracasos. El estudio de la historia cristiana se convirtió en su pasión y, siendo aún joven, Roberts pasaba mucho de su tiempo libre con cristianos más mayores que conocieron a William Branham y Kathryn Kuhlman: grandes hombres y mujeres cuyas historias se relatan en el primer libro y videos de *God's Generals* [Los Generales de Dios]. Roberts posee una riqueza de conocimiento con respecto a los grandes líderes de tres movimientos cristianos: pentecostal, sanidad divina y carismático.

En conjunto, el historiador, pastor, maestro, humanitario y filántropo Roberts Liardon ha dedicado toda su vida y sus finanzas a la obra del reino de Dios y al bienestar de sus congéneres.